国語学史

日本人の言語研究の歴史

馬渕和夫・出雲朝子
共著

Mabuchi Kazuo
&
Izumo Asako

笠間書院

はしがき

日本における学問史というものを考える時、その多くは、たとえば法学や医学で見るごとく、中国の学問の祖述か、若干の手直しが行われたに過ぎなかったのに対して、言語研究の歴史はそうではなかった。初めは中国語学習のために大学寮などで起きたのであろうが、もともと日本語しか知らない者が異言語を学ぶのであるから、始めから日本人の立場で中国語を見ていたのである。当時中国語学はすでに韻書・辞書の編纂等に高度な業績を挙げていたが、それらは中国人による中国人のためのものであったし、もともと中国では外国語学習という様な学問は無かった。加うるに平安初期の仏教梵語の渡来に伴って、それらも多く漢字で音訳されていたから、ますます日本人の漢字学習は複雑な様相を呈した。もう一つ日本人の語学研究を発達させたのは、古典尊重の気風である。ここから文献学・注釈学が起き、古語の究明や辞典の編纂が行われた。これらのことは一つの文化現象であり、他国に比して決して遜色のあるものではない。とかく日本人は自国の文化の価値をよく知らないといわれるが、日本の言語研究の歴史というものもそうである。

本書ではその概略を述べるだけであるが、単に、誰々にどの様な業績があったかということを知るだけでなく、また、欧米の言語学や言語観から価値判断を下すのではなく、昔の日本人が言語の中にどんな論理を見出していたか、そこからわれわれは何を汲みとったらよいか、ということを学ぶべきであろう。

本書は左の様に編集されている。

(1)全篇を三十項目に分かち、一年間三十回の教授にあてられるようにした。ただし、内容・題目によってはおのずから大小の差のあることであるから、その辺は教授者の工夫にまちたい。

(2)上段には各項目の概論を述べ、下段には、その補説・参考事項等を記した。これによって学習者がさらに自ら研究を発展させるための手引きとなることを期待したい。

以上

平成十年中秋

著者識

国語学史　目次

VII 語意研究

国語学史

日本人の言語研究の歴史

＊文献からの引用に際して表記を変更した場合がある。
＊本文中では研究書等の出版社名を省略した。巻末の「本書所引・主要研究書等一覧」を参照されたい。

I　国語学史の意義

1　「国語学史」の意味

「国語」と「日本語」(1)　「国語」と「日本語」とは同じものを指しているが、日本人が「自分達の言葉」という意味で内から言う時には「国語」と言い、外からその言葉を指して言う時には「日本語」という。だから日本人は自分達の言葉を「国語」と言ったり、「日本語」と言ったりすることができるが、外国人は日本人の言葉を「日本語」と呼ぶことはできるが、「国語」と呼ぶことはできない。したがって、日本人は日本語の研究を「国語学」と言えるが、外国人の日本語研究は「日本語学」であって「国語学」ではない。このように考えると、「国語学史」とは、日本語研究の歴史を日本人の立場から指した言い方であるが、外国人の日本語研究でも、(2)研究の対象は同じであるから国語学史の中でとり上げることは必要である。

（1）　「国語」に相当する言葉は英語などのヨーロッパ語には無い。英語はEnglish、フランス語はfrançais、ドイツ語はdas Deutscheなどと言い、その言葉そのものを外から指す語である。これに対して、「国語」という語は、中国・韓国で普通に用いられる。もちろん中国では中国語、韓国では韓国語を指す。だから韓国の大学の「国語国文学科」は、日本から言えば「韓国語韓国文学科」のことであり、『國語學史』（姜信沆著）は韓国語研究の歴史である。

（2）　十六世紀後半から十七世紀前半にかけてキリスト教布教のために日本に渡来したポルトガル人宣教師らによって編纂された書物をキリシタン文献と言うが、彼等は西欧流の言語観をもって日本語を観察し、かずかずの優れた研究書や辞書・テキストを作成した。これらはその時に直接日本人の国語研究に役立ったわけではないが、日本語研究の業績として国語学史の中でとり上げるに値するものである。

なお、これとは逆に、日本人が外国の言語を研究したものは国語学史には入らないが、それが日本語研究に示唆を与えたり、影響を与えたりすれば、もちろん国語学史の中に入ってくる。

世界における言語研究の萌芽

哲学的思考を好んだギリシア人は、物と名との関連についての思索から語源について興味を持ち、やがて語の性質による分類を試み、これが文法に発展したといわれる。一方ギリシアの大発展時代（紀元前三世紀頃）には、すでに古典となっていたホーマーのイリアド、オデッセイの研究から古典語の発音や語法も研究された。[3]

古代インドでは、インド・アリアン人の間で伝誦されてきた讃歌集リグ・ヴェーダを正しく伝えるためにパーニニ（紀元前四世紀）が文典を編集した。[4]

中国では漢代（紀元前三世紀）に文字に対する関心が高まり、漢字学が起きた。これはギリシア文字・ローマ字・インド文字が表音文字であったのに対して、漢字は一字一字が意味を持つ表語文字であり、古文献研究の基礎に漢字の字形・字義の研究が欠かせなかったからである。[5]

言語の学の始まりはギリシアの例は特別として、おおむね古伝誦を正しく伝えること、古典を正しく解することから始まった。日本においても同様である。

（3）　ソシュール『言語学原論』「序説第1章言語学史概説」（小林英夫訳、昭和十五年〈一九四〇〉）
Francis Dinneen "An Introduction to General Linguistics"(1967)
興津達朗『言語学史』（『英語学大系』14、昭和五十一年〈一九七六〉）

（4）　辻直四郎「梵語」（『世界言語概説』上、昭和二十七年〈一九五二〉）

（5）　大島正二（『中国言語学史』平成九年〈一九九七〉）

II　古語の意識から注釈語学へ

2　古語意識

古代の伝誦　古代の人々には彼等の先祖からの事蹟を物語りとして[1]言い継ぎ語り継いでいくという習俗があった。日本にもそういう習俗があったが、各集団ごとに独自に語り伝えられたものであろう。それが次第に小さい集団から大きな集団へと統合されていくにつれて、それらの物語りも統合され、[2]クニというものが形成されてくるにつれて、そのクニの物語りができてくる。[3]漢字が渡来すると、それによって物語りを書きとめ、それによってそのクニ[4]成立の根拠とその歴史がしるされることになる。上代日本の文献の多くはその物語りを書き留めたものである。しかし漢字は中国語の中から発生してきた文字であり、中国文を書くためのものであったから、これを用いて[5]日本語の物語りを書くというのは容易なことではなかった。

（1）『万葉集』巻三、三一七番、「山部宿祢赤人の不尽の山を望める歌」に、

語りつぎ　言ひ継ぎゆかむ　不尽の高嶺は

とあり、富士山をほめたたえるのに「語りつぎ言ひ継ぎ行かむ」と言っているところに、上代人の価値観が見られる。

（2）クニは国家という意ではなく、有機的に動くようになった集団という意で使っている。

（3）馬渕和夫「文字の伝来」（『上代のことば』昭和四十三年〈一九六八〉）

（4）『古事記』序文に、

諸家のもてるところの帝紀および本辞、…これすなはち、邦家の経緯、王化の鴻基なり。（原漢文）

とあり、その歴史がクニの存在理由を語るといっている。

（5）『古事記』の序文で太安万侶が、

然《しか》れども上古《かみつよ》の時は、言と意と並《とも》に朴《すなほ》にして、文《ふみ》を敷き句を構ふること字におきては難《かた》し。已《すで》に訓《よみ》に因りて述べたるは詞《ことば》心に逮《およ》ばず、全く音《こゑ》を以ちて連《つら》ねたるは事の趣更に長し。是を以ちて、今、一句の中にもあれ、音と訓とを交へ用ゐ、一事の内にもあれ、全く訓を以ちて録しぬ。即ち、辞《ことば》の理《ことわり》の見え叵《がた》きは注《しるべ》を以ちて明かし、意の況《おもぶき》の解《さと》り易《やす》きは更に注さず。（原漢文）

と言っているのは有名である。

『古事記』

『古事記』[6]は古来の伝誦を書き留めようとする目的のものであるから、その伝誦をなるべく忠実に文字化しようとしたことは、その用字法からしてもよく汲み取れるところである。『日本書紀』や『古語拾遺』に比して、特に〝古語〟を指摘したところがないのは、かえって全篇これ〝古語〟[7]であることのためであろう。〝古事記〟という名前は、すなわち〝古語記《ふることふみ》〟の意である。

『日本書紀』の「古語」

『日本書紀』[8]は編纂された時点に立って歴史を正式の漢文でえがくという姿勢を明確にしているから、過去の伝誦のなかの曖昧模糊としたものはおそらく切り捨てたであろう。したがってまた、多くの古語は歌謡を除いては当時の漢語漢文に書き改められ、あるいは拾い上げられなかったであろう。ただわずかに、いわゆる訓注に若干の語彙が残されているが、その訓注は『古事記』[9]の訓注とは性格を異にするものである。それらの訓注は、注者の意識においては、古語というよりも和訓というつもりであったと解される、古語という語はそれとは別の意識で使われているようである。『神武紀』元年に、

(6)　和銅五年（七一二）太安万侶撰進。変体漢文。

(7)　その徴証は到る所から指摘できるのであるが、

天之常立神訓レ常云二登許一。訓レ立云二多知一。（上巻）

という式の、いわゆる訓注も、

宇摩志阿斯訶備比古遅神此神名以レ音。

という式の音注も、正しい伝誦的な発音を保持しようというものであろう。

速須佐之男命、不レ治二所レ命之国一而、八拳須至二于心前一、啼伊佐知伎也。自レ伊下四字以レ音。下效レ此。

という文における「啼伊佐知伎」という「いさち」という動詞は、この文のあとに「哭伊佐知流」という終止形もしくは連体形と、「哭伊佐知流之事」という連体形が見えるのみで、他は『日本書紀古訓』の中にはあるが、上代文献中には確実な用例を見出しえない。これもすでに古語となっていたものを忠実に残そうとしたものであろう。また、

高天原訓二高下天一云二阿麻一。下效レ此。

というのも、わざわざ〝たかあまのはら〟とよんで「あ」という音を残そうとしたものと解される。ということは、当時においては、この語は〝たかまのはら〟と発音されるのが常であったことを思わせるのであって、ここにも〝古語〟の意識がみられると思う。

(8)　養老四年（七二〇）舎人親王ら撰進。正格漢文。

(9)　『古事記』の訓注・音注は、

故（10）古語称レ之曰、「於二畝傍之橿原一也、太二立宮柱於底磐之根一、峻二峙搏風於高天原一、而始馭天下之天皇」。号曰二神日本磐余彦火々出見天皇一。

とある古語は、明らかにこの〝たたへごと〟が、古い伝誦であることをいっているつもりであり、『日本書紀』中、ここにだけ特別に〝古語〟という語を用いているにはそれだけの理由があったのであろう。おそらくそれは、『古事記』大国主命の条に、須佐之男命の葦原色許男に与えた祝福のことばに、

（11）其我之女須世理毘売為二嫡妻一、而於二宇迦能山之山本一、於二底津石根一宮柱布刀斯理、於二高天原一氷椽多迦斯理而居。

とあるのや、また『古語拾遺』に、

達二都橿原一経二営帝宅一、仍令二富命 太玉命之孫也 率二手置帆負彦狭知二神之孫一、以二斎斧一始採二山材一構二立正殿一。（12）所謂、底都磐振宮柱布都之季立高天乃原尓搏風高之利、排二皇孫命乃美豆乃御殿乎一造奉仕也。

とあるのとも符合する。『古語拾遺』に「所謂」といって

久羅下那州多陀用弊流之時 流字以上十字以レ音。
天之常立神 訓レ常云二登許一、訓レ立云二多知一。
阿那迩夜志愛上袁登古袁 此十字以レ音。下効レ此。

によってわかるごとく、本文中の字面をどう読むかというための注なのであるが、『日本書紀』の訓注のほとんどすべては、

沙土此云二須毗尼一。
沫蕩此云二阿和那伎一。

という、「此云」の形式であって、これは本文中の語をそうよませるための配慮ではなく、本文中の語はあるいは字音でよまれるかもしれないけれども、その日本語としてはこういう語があたるという、注釈形式なのである。「此云」は辞書において和訓をしめすための形式であった。

（10）この文の訓《よ》みを日本古典文学大系本によって示しておく。

故に古語《ふること》に称《ほめまう》して曰《まう》さく、「畝傍《うねび》の橿原《かしはら》に、宮柱底磐《したついは》の根に太立《ふとしきた》て、高天原《たかまのはら》に搏風《ちぎ》峻峙《たかし》りて、始馭《はつくに》天下《しらす》之天皇《すめらみこと》」と。号《なづ》けたてまつりて神日本磐余彦《かむやまといはれびこ》火火出見天皇《ほほでみのすめらみこと》と曰《まう》す。

（11）この文の私訓を左に記す。

（前略）それわが女《むすめ》須世理毘売《すせりびめ》を嫡妻《むかひめ》となし、宇迦の山の山本にして、底津《そこつ》石根《いはね》に宮柱《みやばしら》ふとしり、高天原《たかまのはら》に氷椽《ちぎ》たかしりてませ。

（12）この部分の訓みを左に記す。

いるのは、世上『大殿祭』などの祝詞にもみえるごとく、この語が新築祝いの「ほきごと」として一般にとなえられていたことによるものであろう。そうとすれば、『日本書紀』のこの「古語」[13]は、『日本書紀』編纂の意識の中へたまたまそれとは異質な『古事記』的編纂意識が顔を出したということであろう。

『風土記』の「古語」

『風土記』の中にも、

古語云神風伊勢国常世浪寄国者蓋此謂レ之也[14]（伊勢国風土記逸文）

奈具志久古事平善者云二奈具志一[15]（丹後風土記逸文）

などが見えるが、特に別義とは思われない。

『古語拾遺』の「古語」

上代文献の中で、〃古語〃を特に強調したのは『古語拾遺』である。本書は、口誦による古伝誦もほとんど絶滅しようとしていた大同二年（八〇七）、それを憂慮していた斎部広成《いむべのひろなり》によって撰録された。その序文に、

蓋聞[16]、上古之世、未レ有二文字一、貴賤老少、口々相伝、前言往行存而不レ忘。書契以来、不レ好レ談レ古、浮花

いはゆる、底つ磐《いはね》に宮柱ふとしき立て、高天の原に搏風《ちぎ》高しり、皇孫命《すめみまのみこと》のみづの御殿《みあらか》を排《ひら》き、造り仕へ奉るなり。

(13)　『日本書紀』にはもう一つ〃古語〃が見える。『雄略紀』元年に、

目大連顧謂二群臣一曰、麗哉女子、古人有云、娜毗騰耶皤麼珥此古語未詳也徐歩二清庭一。

とあるのは、古伝誦の中には、紀の編纂者にとって意味不明となっていたもののあったことの一つの証左である。この「ナヒ（甲）ト（乙）ヤハハニ」は、「汝人柔《ナヒトヤハハ》に徐《おもぶる》に清庭を歩く」と解せないかと思われるが、そんな簡単に分るようなものならば、紀の編纂者にとっても分らぬはずはないから、ともかく、英智を集めた紀の編纂者達にとって理解しがたかった古語が当時存在していたこと、そしてそういう古語が存在していたということは、古伝誦の古さというものを感じさせるし、既に当時の日本人が国語史の重みを背負っていたということになるのであろう。

(14)　この文の訓み下し。

古語《ふること》に云はく、神風《かむかぜ》の伊勢国は常世《とこよ》の浪寄する国とは、蓋《けだ》し此《こ》れ之を謂《い》へるなり。

(15)　この文の訓み下し。

なぐしく　古事《ふること》、平善をば、なぐしと云《い》ふ。

(16)　この文の仮りの訓《よみ》を左に記す。漢語は一々訓読せず。

競レ興、還嗤二旧老一。遂使二人暦世弥新一、事遂レ代而変改。顧問二故実一、靡レ識二根源一。国史家牒、雖レ載二其由一、略二一二委曲一、猶有レ所レ遺。愚臣不レ言、恐絶無レ伝。幸蒙二召問一、欲レ攄二蓄憤一。故録二旧説一、敢以上聞、云爾。

とあるごとく、〝ことば〟と〝文字〟とを対立させて考え、文字以前の〝こと〟は〝ことば〟によって伝えられるものだとし、自分の家に伝わる古事を記録しようとしたものである。

ここに、〝古事《ふること》〟は〝古語《ふること》〟によって伝えられるものだという意識は明らかに見られる。

右にいうところの〝古語〟[17]はすべて当時の口頭語に対して〝すでに使われなくなったことば〟というべきものかというに、大部分は首肯せられるけれども、中には納得のいかないものもある。たとえば、「阿那於茂志呂」の注に、「古語、事の甚だ切なるを皆『あな』と称ふ」というばあい、「あな」という語は平安時代においてもいくらも用いられているものであるから、別に考えるべきであろう。

けだし聞く、上古の世未だ文字有らず、貴賤老少、口々に相ひ伝へ、前言往行存して忘れず。書契以来、古を談るを好まず、浮花のごとく興を競ひ、還りて旧老を嗤《わら》ふ。遂に人をして世を暦《へ》て弥《いよい》よ新たならしめ、事代を遂げて変改す。顧《かへりみ》て故実を問ふに根源を識ることなし。国の史、家の牒、その由を載すといへども一二の委曲を略《はぶ》きて、なほ遺す所有り。愚臣言はずは恐らく絶えて伝はるところ無からむ。幸ひに召問を蒙り、蓄憤を攄《のべ》むとす。故に旧説を録し、敢へて以ちて上聞すとしか云ふ。

(17) 今、『古語拾遺』中の〝古語〟といっているものをすべて挙げれば、次のごとくである。

毀畔古語阿波那知　埋溝古語美曾宇美　放樋古語斐波那知　重播古語志伎麻岐
判串古語久志佐志　和幣古語爾伎弖　和衣古語爾伎多倍　瑞殿古語美豆能美阿良可
鐸古語作那伎　堀古語佐爾居自能爾居自　天鈿女命古語天乃於須女
覆誓槽古語宇気布爾
阿那於茂志呂古語事之甚切皆称阿那言衆面明白也　古語大蛇謂二之羽々一。
大己貴神古語於保那武智神　神籬古語比茂呂伎
古語正殿謂二之麁（麤）香一
御利玉古語美保伎玉　織布古語阿良多倍
古語麻謂二之総一今為二上総下総二国一是也。
古語以蕙玉都須玉也　高皇彦霊神古語多賀美武須比是

右の中、「神籬」については、『和名抄』に、「神籬俗云比保路伎」とあって、これは『和名抄』の時代において「俗語」であったことになる。

ここにいう〃古語〃も、当時からみて古いと考えられた語というよりも、古くから言い伝えられてきた語という性格が強いのではないかと考えられるのである。これはまた、(18)斎部氏が所管していた祝詞《のりと》の(19)『大殿祭《おほとのほがひ》』と『御門祭《みかどまつり》』にも見えるところである。

(18)　古代の祭祀を司った氏族の一つ。

(19)　『大殿祭』には、言寿古語云許止保企　所知食古語云志呂志女須　御殿古語云阿良可　奇護言古語云久須志伊波比許登　古語番縄之類謂二之網根一　錯比古語云伎加比　噪岐古語云蘇蘇岐　和幣古語云爾伎氏　和志古語云夜波志　躓古語云麻我比

『御門祭』には、

悪事古語云麻我許登

とある。右の中、「所知食古語志呂志女須」というのは、「しろしめす」という形が奈良時代以前の文献には「しらしめす」という形であるという常識からすれば、ややいぶかしいものであるが、全体的にはやはり伝誦的なにおいの濃いものである。

3　古語の意識から注釈語学へ

古語の解釈　意味不明になったことばについて、これになんとか解釈を加えようということは、ひとびとの素朴な智的活動である。あるいは古語の中に、あるいは地名の中にかれらの解釈がはたらいて、その解釈が物語りとなり、伝誦の形となって語り伝えられる。『古事記』『日本書紀』『風土記』のなかにはそれは数多くしるされている。

しかしそれらが一つの学問として昇華するためには、やはり外的な触媒が必要であった。それは中国における経史学であったと思われる。すなわち古典を理解するためには注にしたがって読むという方法は、およそ古典というものが日本に渡来した当初から日本人に与えられた宿命的なものであった(1)。したがって、『日本書紀』が撰せられた時、直ちにそれへの注釈作業が始まったことは、ただ単に、『日本書紀』が漢文で書かれているから一般には読めないという理由のほかに、注を付けることが正格な典籍を理解する態度であるという気風が存在していたからでもあるのであ

(1)　渡来古典名については、川瀬一馬「上代に於ける漢籍の伝来」(『日本書誌学の研究』昭和十八年〈一九四三〉)にくわしく、重要古典がすべて、中国で注をつけられた注疏本であったことがわかる。

る。左に『釈日本紀』[2]の巻一開題に記録されている康保二年（九六五）外記[3]の勘申した日本紀講例に、他の史書などの記載を付記して表として示す。

（2）本書14ページ上段参照
（3）太政官制の書記官。

回	西暦	年号	天皇	博士	場所	竟宴	史書その他
1	七二一	養老五年		或云不注		竟宴	なし
2	八一二	弘仁三年 私記云四 年云々	嵯峨	刑部少輔従五 位下多朝臣人 (仁イ)長		竟宴	『日本紀略』弘仁三年六月二日　始令三参議従四位下紀朝臣広浜、陰陽頭正五位下阿倍朝臣真勝等十余人読二日本紀一、散位従五位下多朝臣人長執講。
3	八三九	承和六年 六月一日	仁明	散位 菅野朝臣高年 (亮平イ)	建春門院南腋 曹司	竟宴	『続日本後記』承和十年六月一日 令下知二古事一者、散位正六位上菅野高年於二内史局一始読中日本紀上。 承和十一年六月十五日 日本紀読畢。
4	八七八	元慶二年 二月二十 五日	陽成	伊予介 善淵朝臣愛成	敷政門外宜陽 東廂 竟宴序云、 右相府命二 秘書藍善大 夫一於二敷政 門外宜陽東 廂一講二日本 紀一。	竟宴、同六年 秋八月。序者 従五位下行大 内記菅野朝臣 惟肖、歌人兵 部卿本康親王 以下卅人、博 士序者加之。 序云、中間、 相府転二太政 大臣秘書一拝二	『三代実録』元慶二年二月二十五日 於二宜陽殿東廂一令三従五位下行助教善淵朝臣愛成始読二日本紀一。 元慶三年五月七日 令下従五位下図書頭善淵朝臣愛成於二宜陽殿東廂一読中日本紀上。喚二明経紀伝生三四人一、為二都講一、大臣已下毎日関読、前年始読、中間停廃、故更始読焉。 元慶六年八月二十九日 於二侍従局南右大臣曹司一、設二日本紀竟宴一。先レ是元慶二年二月二十五日於二宜陽殿東廂一、令三従五位下助教善淵朝臣愛成読二日本紀一。従五位下大外記嶋田朝臣良臣、及

	（前項つづき）	5
年		九〇四
年月日		延喜四年八月二十一日
天皇		醍醐
講師		従五位下大学頭藤原朝臣春海（或云前下野守云々）
		不注
竟宴	予州別駕、壬寅歳秋八月、相府率唱群公卿行竟章之礼。	竟宴同六年閏十二月十七日 序者従五位下行大内記兼周防権介三統宿禰理平 歌人兵部卿貞保親王以下卅六人 序云。甲子歳降綸旨令大学頭大夫説之。始於四年八月廿一日、終於六年冬十月廿二日。即閏十二
出典	文章明経得業生学生数人遁為都講。太政大臣右大臣及諸公卿並聴之、五年六月廿九日講竟。至是申竟章之宴。親王以下、五位以上畢至、抄出日本紀中聖徳帝王有名諸臣、分充太政大臣以下、預講席六位以上、各作倭歌、自余当日探史、而作之。琴歌繁会、歓飲竟景。博士及都講賜物、有差。五位以上賜内蔵寮綿、行事外記史預焉。 『日本紀竟宴和歌』（続群書類従巻第四百四）皇太后宮大夫藤原朝臣国経の歌二首をのせる。	『日本紀略』延喜四年八月二十一日講日本紀。 延喜六年閏十二月十七日於侍従所日本紀竟宴。毎人分史詠歌。 『日本紀竟宴和歌』（続群書類従巻第四百四）三統宿禰理平の序ならびに三十人の歌計四十首をのせる。 『釈日本紀』所引『新国史』延喜四年八月廿一日壬子。是日、於宜陽殿東廂令初講日本紀也。前下野守藤原朝臣春海為博士。紀伝学生矢田部公望、明経生葛井清鑒等為尚復。公卿弁大夫咸以会矣。特召大舎人頭惟良宿禰高尚、文章博士三善朝臣清行、式部大輔藤原朝臣菅根、大内記三統宿禰理平、式部少丞大江千古、民部少丞藤原佐高、少内記藤原博文等令預講座焉。

						月十七日聊屈師礼、以成竟宴。	
6	九三六	承平六年十二月八日	朱雀	従五位下行紀伊権介矢田部宿祢公望	宜陽殿東廂	竟宴天慶六年十二月廿四日依乱逆遅引。序者従五位下行大内記兼近江権少掾橘朝臣直幹歌人中務卿重明親王以下卅七人序云、承平六年冬令阿州別駕田大夫説之。中間別駕累遷美州紀州。天慶六年九月伝授始畢。至其十二月二十四日、聊仍旧貫之儀以行澆章之礼。	『日本紀略』承平六年十二月八日於宜陽殿東廂講日本紀。同　二十四日有日本紀竟宴。（ただしこの記事左記の誤入か）天慶六年十月二十四日於宜陽殿有日本紀竟宴。『日本記竟宴和歌』（続群書類従巻第四百四）橘朝臣直幹の序ならびに三十七人の歌計四十一首をのせる。

7	九六五	康保二年 八月十三日	村上	摂津守橘朝臣 仲遠承平尚復 云々	宣陽殿東廂	竟宴	『日本紀略』康保二年八月十三日於二宣陽殿東庇一始講二日本紀一。以二橘仲遠一為二博士一。

なお、『西宮記』によれば、「講二日本紀一博士等例、天長承和其人未レ詳」とあるが、天長に講義があったことは他の所見がないごとくである。

『日本紀私記』の編纂　さて、上述のような見地からすれば、『日本書紀』の選集された養老四年（七二〇）の次の年にすでに博士の講筵があったことは当然であろう。そして講筵があったとすればその私記は用意されたであろう。「養老五年私記」という名称が『弘仁私記』(4)の本文巻首にみえる。

この本の内題の下に、

今案依二養老五年私記一作レ之。

とある文を信用すれば、養老―弘仁と、博士家の間で『日本書紀』の解釈、もしくは訓読についてのある種の伝統が存続したということは想像されてよい。ことに、弘仁の講筵の博士が「多朝臣人長」であって、康保二年（九六五）の外記の勘申には、

今案、作者太麻呂（ママ）後胤歟。

（4）　『弘仁私記』はその本文が『国史大系』日本紀私記佚文のなかにおめられている。その序文にいう。

冷然聖主弘仁四年在祚之日天智天皇之後柏原天王之王子也愍二旧説将レ滅、本記合訛一、詔二刑部少輔従五位下多朝臣人長祖称見上一使レ講二日本紀一、即課二大外記正六位上大春日朝臣頴雄王子大帯彦国押人命之後従五位下魚成第一男民部少丞正六位上藤原朝臣菊池麻呂天孫天児命之後従五位下是人第四男也兵部少丞正六位上安倍朝臣蔵継正二大彦命之後従四位下弟者第二男也文章生従八位上滋野朝臣貞主天孫魂命之後従五位上家訳第一男無位嶋田臣清田王子神八井耳命之後正六位上村田第一男無位美努連清庭天神角凝命之後正六位上友依第二男也等一受業、就二外記曹局一而開二講席一。一周之後巻袟既竟。一年為レ周其第一第二両巻義縁二神代語一多二古質一。世質民淳言詞異今授受之人動易二訛謬一。訛化也故以二倭音一辨二詞語一、以二丹點一明二軽重一。凡抄三十巻、勒為二三巻一。

ついで、『日本書紀』本文中の神名を挙げ、その「倭語」として、

阿麻乃止己太知乃美己止

伊左奈支乃美己止

比古那支左乃美己止

のように声点を付けたよみ方を示す。以下単語をあげ、

と注していることもその想像を助けるものである。私記や『日本紀竟宴和歌』の序などでは、太安麻呂が『日本書紀』の編纂に参加していたことは信ぜられている。

このようにして『日本書紀』の講義には、古来からの伝統的な訓法と、おそらくその時どきの博士の考案とが加味されて次第に書紀学を形成したものと思われる。これらの学問は、『日本紀私記』として継承されているが、『和名類聚抄』（承平四年〈九三四〉成）中に多数の語彙が採用されており、古辞書の語彙の採集源になった。

『釈日本紀』は卜部兼方の撰述であるが、その作成年時は明確ではない。前田家本（国史大系第八巻所収）の奥書に、正安三年・四年（一三〇一～二）に書写点校したことをしるすから、それ以前のものであることは明らかである。この書は『日本書紀』についての古来の学問を総合したものであって、夥多の文献を引用して論証し、自分の説は、「兼方案之」として述べる。引用書の中心は、『日本書紀』『古事記』『旧事本紀』をはじめ、関係する中国史書、および、『弘仁私記』以下の「私記」、ことに『矢田部公望その右に和訓を附し、まま声点をつけている。

さて、この文が本当に弘仁四年の私記の序文であるか、というに、賛否諸説あるようである（西宮一民『日本上代の文章と表記』二六五ぺ以下）。しかし以下の証によって弘仁四年のものと認めてよいであろう。その一つは、『釈日本紀』に引くところの「弘仁私記」の文と完全に一致することが挙げられる。その二つは、右の文中に出てくる人名を調べてみると、人名とその官職について判明する範囲内においては全く誤りが発見できないことがある。すなわち、多朝臣人長については『日本紀略』にそのことを載せる。大春日朝臣頴雄については未詳であるが、藤原菊池麻呂については、『続日本後紀』承和七年（八四〇）六月十日に、

従五位上菊池麿為二治部大輔一。

とあり、続いて、承和八年五月一日、十月十五日、承和九年三月十六日と記事が見える。弘仁四年（八一三）より二十七年後のことであるから、位階、職階の点で不合理なことはない。安倍蔵継は未詳であるが、滋野貞主については『公卿補任』に、「従五位上尾張守家訳男」とあり、

大同二奉文章生試及第、弘仁二二《五イ》少内記、同六正―転大内記、同八正―蔵人（文章生）

とある。弘仁四年に文章生と書かれてもよいであろうし、位も弘仁十一年正月七日に外従五位下となっているから、弘仁四年に従八位上も妥当であろう。嶋田清田は、『文徳実録』斉衡二年（八五五）にその伝がある。

私記』が多く、その他「風土記」「延喜式祝詞」など、また、「師説」も多い。

古典の注釈　こうした『日本書紀』[5]学というものが、他の日本古典の研究にも影響を与え、『万葉集』『古今集』をはじめとする和歌書の研究、『伊勢物語』『源氏物語』をはじめとする物語書や『枕草子』『徒然草』などの随筆の研究が起きてきたのであろうと思われる。たとえば、古典を読むことの正しさを求めることより、声点本[6]が、歌書物語書にも発生するようになった点に、もっともよくこの間の事情が語られているように思われる。

それによれば、弘仁四年には三十六歳であった。ちなみに、滋野貞主は、仁寿二年（八五二）六十八歳で参議で卒しているから、弘仁四年には三十歳であった。清田の方が立身は遅かったわけである。美努連清庭については未詳であるが、その子と思われる美努連清名という者が、貞観十四年（八七二）に従六位下行直講となっているから、これも貞主・清田と大体同年輩と見てよいであろう。こうしてみると、この序文は弘仁四年の講義を十年になってまとめたものとしてよいようである。ただ問題となっているところの、「倭音を以ちて詞語を弁じ、丹点を以ちて軽重を明らかにす」という文も、「詞語（漢語）の解釈には倭音（かな）を用い、詞語（漢字）に朱点を付して、軽重（四声と軽重）を明かにした」と解すれば、無理なく通るであろう。倭音すなわち仮名に朱点を付した、とすれば納得しがたいし、現に仮名に付してある声点は後世の所為と考えてよかろう。漢字に声点を付したものとしては、宇多天皇筆『周易抄』寛平九年（八九七）のものが現存最古のものであるが、それより古く四声点を付すことがあったことは当然考えられるところである。ただし、本文中の語彙に付した片仮名、およびその仮名に付した声点は後世のものと考えざるをえまい。

（5）　小林千草『日本書紀抄の国語学的研究』（一九九二）

（6）　本書27ページ参照

III 音韻研究

4 漢字音研究（一）

漢字の伝来

日本に漢字が入ってきて[1]、これを伝達・記録などの用に用いるようになったのは、書記集団の渡来[2]以後のことと思われ、初めはその集団の専管業務であったであろう。それがやがて書記の事務に倭人も参加するようになり、漢字学習のことが始まる。ことに国内体制の整備の必要から、法律書・儀礼書・歴史書などの中国典籍の学習が緊急の課題となって、急速に漢字学習が要請せられる[3]ようになった。そのため政府は学制を整備して漢籍を読解できる人材の育成に努力した。これらに使用された教材の書籍がすべて漢籍であったことはいうまでもない。もう一つの漢字学習の契機は仏典の読誦と仏教教義の理解であった。漢籍学習の方は周易・尚書・周礼・儀礼・礼記・毛詩・春秋左氏伝の七経と、孝経・論語をその注釈書[4]によっ

(1)　馬渕和夫『上代のことば』

(2)　『応神紀』によれば阿直岐《あちき》（『記』では阿知吉師《あちきし》）を祖とする阿直岐史《あちきのふびと》（『記』では阿直史）と、王仁《わに》（『記』では和邇吉師《わにきし》）を祖とする書首《ふみのおびと》（『記』では文首）の二つの集団があり、後、前者を東史部《やまとのふびとべ》、後者を西史部《かふちのふびとべ》と呼んだ。この二氏が文書のことを司った。

(3)　桃裕行『上代学制の研究』（昭和二十二年〈一九四七〉）

(4)　周易は鄭玄又は王弼注、尚書は弘安国・鄭玄注、三礼・毛詩は鄭玄注、左伝は服虔・杜預注、孝経は孔安国・鄭玄注、論語は鄭玄・何晏注で読むことになっていた。いずれも後漢・魏晋の学であった。

て読むことで、まず原文を音読し、ついでその意を解釈するという方式であったであろう。仏典の方もそれと同じく、経典をまず音読して意義を知るという方式であった。どちらも原文を音読し、ついでその字義より意味を汲みとることをしたので、漢字の意義の研究はこれらの学問の第一歩であった。中国においてもそれは行われていたことで、いわゆる音義書が作られていたのであるから、日本においてはそれらを利用すればよかった。ただし、意味は音義書によって一応知り得るとしても、音は書物からは知り得ない。音を知るためにはネイティヴについて学ぶにしくはない。最初の(5)阿直岐・王仁は中国系もしくは準中国系の百済人であったから、漢字の発音も中国音に近かったであろうし、その氏の子孫も何代かはよくその音を伝えたであろうが、やがて和化して中国音とは乖離してしまう。その欠を補わんとして、七世紀の末には(6)唐人続守言《しょくしゅげん》を音博士とするが、学制の整備された八世紀からは大学に音博士を置き、天平七年（七三五）吉備真備が帰朝するや学制を充実させ、音博士に唐人袁晋卿《えんしんけい》をあてて、最新の中国音を学

（5）　古代の朝鮮半島には中国の内乱を逃れて集団で移住してくる中国人が多く、それらの人々は彼等だけの集団生活をしていたから、中国語を日常使用し、文字使用の技術も持っていたと思われる。阿直岐・王仁という人々はそういう集団の人であったと思われる。日本に渡来した漢字音の中に非常に古い中国音があるという説は決して根拠の無い説ではない。

なお、阿直岐・王仁の渡来した時代は不明確であるが五世紀の初めかと思われる。

（6）　『日本書紀』斉明天皇七年（六六一）十一月、

日本世紀に云はく、十一月、福信獲たる所の唐人続守言等筑紫に至る。（原漢文）

ついで、天智天皇二年（六六三）二月、

佐平福信唐俘続守言等を上《たてまつ》り送る。（同）

とあるが、持統天皇三年（六八九）六月、

大唐の続守言、薩弘恪等に稲を賜ふ。各差有り（同）

同五年（六九一）九月、

音博士大唐続守言、薩弘恪、書博士百済末士善信に銀人ごとに廿両を賜ふ。（同）

同六年（六九二）十二月、

音博士読守言、薩弘恪に水田人ごとに四町を賜ふ。（同）

とある。なおここで「音博士」とあるのは学制制定以前のことであるから、単に「音の達人」ぐらいの意であろう。

（7）　中国語の音は一音一音の音からして日本語とは違っ

習させることになった。こうして漢学の方では当時の長安音、すなわち漢音をもって標準とすることになった。

これに対して仏教の方では内容の理解（仏教教義の理解は通常の人には困難であった）よりは読誦の方の功徳が尊重されたせいもあって、古い読誦音がそのままか、あるいは和化して伝えられたが、音義の研究は寺院においても盛んであった。

漢字の研究　中国語(7)の発音は日本語とははるかに懸絶した音であったから、仮名（万葉仮名）では書き表わせず、それよりも中国の韻書を用いて反切を知り、それからその音を作り出す方が正しいと考えられたのであろう。漢字の方面では中国の字典・韻書を用いることが正道とされ、『玉篇』(8)『切韻』(9)が用いられたが、日本においてもこれに則った空海『篆隷万象名義』(10)、菅原是善『東宮切韻』(11)や滋野貞主『秘府略』(12)などが平安初期に作られ、中期になると、中国語の事物名に対応する日本語を挙げた源順『和名類聚抄』(13)が作られた。

仏典読誦音の研究も、初めは中国撰述の音義書を用いて

ているが、体系的にいうと次のような点で大きな違いがある。

a、四声（アクセント）が厳格である。
b、有気・無気の対立がある。
c、有声、無声の対立がある。
d、子音で終る音節がある。
e、捲舌音がある。

これらは日本語には無いから仮名で書けない。よって反切をそのまま用いるよりしようがないことになる。

馬渕和夫「日本における反切法の歴史」（『日本韻学史の研究』第二篇第五章）

(8)　日本に古く伝わったのは『原本玉篇』。これは梁の顧野王の撰。六世紀前半の成立。のち何度か改編され、宋の時代に『大広益会玉篇』として出版普及。

(9)　最初、隋の仁寿元年（六〇一）陸法言によって作られ、幾度か改編され、宋の大中祥符元年（一〇〇八）、『大宋重修広韻』（普通『広韻』という）として出版。

(10)　『玉篇』を元にして篆書隷書の字体を加えたもの。

(11)　『切韻』の数本を編集したもの。現存せず。菅原是善は弘仁三年（八一二）－元慶四年（八八〇）の人。道真の父。東は韻の初め、宮は音の初めという。

(12)　百科事典。一〇〇〇巻中二巻のみ現存。

(13)　承平年中（九三一－九三八）の作。本書105ページ参照。
馬渕和夫『和名類聚抄 古写本声点本 本文および索引』（昭和四十八年（一九七三））

いたであろうが、やがてそれに和訓を書き込んだ私記が作成されるようになり、『大般涅槃経音義』[14]『新訳華厳経音義（大治本）』[15]『新訳華厳経音義私記』[16]『一字頂輪王儀軌音義』[17]『大般若経音義』[18]『妙法蓮華経釈文』[19]『孔雀経音義』[20]『金光明最勝王経音義』[21]および各種の『法華経音義』が作られた。ことに『法華経』[22]の音義は研究が盛んで、初めは経の巻順に出現する難字の一字一字[23]の注解をするものであったが、それを韻[24]によって分類したり、五十音順[25]に分類したり、部首引き[26]にしたりして、辞書の体裁を整えるようになっていった。

一方、漢籍・仏典を問わず、漢字そのものを研究する方向も平安初期からあり、『新撰字鏡』[27]は仏典の漢字研究より始まり、『玉篇』『切韻』もとり入れ、部首引き辞書となっており、和訓も入れて漢和辞書の体裁もなしている。その系統のものに、さらに和訓を広く渉猟して充実したものに『類聚名義抄』[28]があり、これらは漢字一字一字の音と訓とを示そうとしたものであり、部首引きとなっている。

中世に入っても、漢字の音義を知るための字書として、

京都大学『諸本集成和名類聚抄』（昭和五十六年〈一九八一〉）

(14)　『悉曇蔵』（元慶四年〈八八〇〉安然著）中に飛鳥寺信行の撰として見える。

(15)　大治三年書写玄応『一切経音義』（複製本あり）の第一巻尾に収められているもので、『新訳華厳経音義私記』に影響あったものかとされている。次項参照。

(16)　本書103ページ参照。複製本あり。岡田希雄の詳しい解説を付す。

(17)　空海撰という。『大正新脩大蔵経』中にあり。

(18)　本書103ページ参照。数種あり。『古辞書音義集成』3。築島裕『大般若経音義の研究』（昭和五十二年〈一九七七〉）

(19)　醍醐寺蔵。『古辞書音義集成』1。

(20)　数種あり。『古辞書音義集成』10 11。

(21)　大東急記念文庫蔵。承暦三年（一〇七九）抄。「いろは」初出文献。万葉仮名二種を使い分けてアクセントの平と上とを示そうとしたり、漢字韻尾を書き分けようしたり、五十音図についての資料を提供する。『古辞書音義集成』12に複製あり。

(22)　本書103ページ参照。小倉肇『日本呉音の研究』に法華経音義書を網羅する。

(23)　『法華経単字』（保延二年〈一一三六〉写。『古辞書叢刊』に原装影印版あり）など。

(24)　『法華経音』（平安末期写。九条家蔵）

『字鏡集』[29]『倭玉篇』[30]などが作られた。

また、鎌倉時代の初めに『韻鏡』[31]や『切韻指掌図』[32]が渡来し、『韻鏡』の序文が悉曇学者信範[33]によって解読されると、その図の意味するところが了解され、従来漢字音研究の主題であった反切法として理解されることになって幾多[34]の研究書が出た。

（25）心空『法華経音義』（応安三年〈一三七〇〉著。慶安二年〈一六四九〉開板）

（26）『妙法蓮華経篇立音義』（天福元年〈一二三三〉著。高野山金剛三昧院蔵）

（27）本書104ページ参照。天治元年（一一二四）写の天治本と、抄本で享和年間（一八〇一―三）に発見された享和本とあり、京都大学国文学会で、天治本を複製し享和本の対校を加えた『古典索引叢刊』３４がある。

（28）本書106ページ参照。原本系の書陵部本と、広益本の天理図書館本とあり、いずれも影印本および索引がある。

（29）菅原為長撰か。寛元三年（一二四五）以前成立。諸種の伝本があり、複製本、影印本がある。

（30）北恭昭『倭玉篇五本和訓集成』（平成六年〈一九九四〉）他影印本がある。

（31）唐末に作られた中国語音韻図。日本へは嘉泰三年（一二〇三）版本が渡来。日本における漢字音研究の中心となった。馬渕和夫『韻鏡校本と広韻索引』（昭和二十九年〈一九五四〉）・三沢諄治郎『韻鏡研究史』（昭和三十五年〈一九六〇〉）・福永静哉『近世韻鏡研究史』（平成四年〈一九九二〉）

（32）司馬温公作として伝えられた韻図で『韻鏡』よりも簡便なため、中国では普通に使用された。

（33）馬渕和夫『日本韻学史の研究』第一篇第五章第三節信範の項に略伝および著書名を載せる。

（34）（31）と同じ。

5　漢字音研究（二）

江戸時代の漢字音研究

江戸時代に入ると、徳川幕府の文治政策によって漢字音研究は一段と盛んとなった。これは日本における文系学問において漢字がいかに大きな位置を占めており、かつ、いかに学習困難な問題であったかを語っていよう。しかし『韻鏡』の様な中国音韻組織に接すると、もともと漢字音に対して共時的な見方しかしていなかった日本人は、これこそ漢字の万古不易の鑑であるとして、これを漢字反切の具として見たのであるが、そういう考え方が事実に合わないものであることに気づいたのは釈文雄《もんのう》(1)であった。つまり江戸時代初期になると明との貿易交通も盛んとなり、多くの中国人と接することになって、従来日本に入ってきたいわゆる呉音漢音はその時代には通用しないこと、その時の華音こそ中国の正しい音であることがわかって、それによって『韻鏡』を見ると、それは反切のための書ではなく、中国語の音韻組織の図であることが判ってきて、その見地から『韻鏡』を解釈したのが

(1)　元禄十三年（一七〇〇）—宝暦十三年（一七六三）京都了蓮寺住持。

『磨光韻鏡』[2]であり、呉漢華の三音の由来を説いたのが『三音正譌《せいか》』[3]であった。しかし幕府の鎖国政策によって対中国交通の道は狭められ、その上中国国内の王朝交替によって、新しい中国語学習の機運は急速に衰退し、旧派の復活となった。そしてもはや日本漢字音として確立していた呉音・漢音の研究が再び盛んとなったが、今度は呉音漢音をどう仮名で書くかということが研究のテーマとなった。その契機となったのは本居宣長の『字音仮字用格』[4]『漢字三音考』[5]であった。しかし正しい字音仮名遣をきわめるためには、中国語の音韻組織、すなわち『韻鏡』の見方を知らねばならず、呉漢音をとり上げようとすれば日本の古文献を知らねばならず、ここから呉漢音の歴史的研究も起きた。太田全斎の『漢呉音図』[6]、関政方『傭字例』[7]や白井寛蔭『音韻仮字用例』[8]、敷田年治『音韻啓蒙』[9]などがそれである。

明治以後の漢字音研究　明治になっても、漢音呉音の研究は継続されたが、次第に日本に残存している仮名資料をもって、中国音韻史の資料としようとする傾向が現れて

（2）延享元年（一七四四）刊
（3）宝暦二年（一七五二）刊
（4）安永五年（一七七六）刊。本書44ページ以下参照。
（5）天明五年（一七八五）刊
『字音仮字用格』の初めに、「此三ツノ音（漢呉唐の三音）ノ事ハ予別ニ漢字三音考ヲ著シテ委ク辨セリ」と言っているところをみると、安永五年（一七七六）刊、安永四年序より前に『漢字三音考』はできていたことになる。おそらくその著述は安永四年以前に完了し、版にしたのが天明五年だったのであろう。
（6）文化十二年（一八一五）刊
（7）天保十三年（一八四二）刊
（8）万延元年（一八六〇）刊
（9）明治七年（一八七四）刊
（10）『漢音呉音の研究』（昭和六年〈一九三一〉）
『支那古韻史』（昭和四年〈一九二九〉）
『韻鏡音韻考』（明治四十五年〈一九一二〉）

きた。大島正健[10]・大矢透[11]などの研究がそれである。しかし仮名資料はあくまで国語の中の漢字音であり、いくら漢籍を利用したとしても中国音韻史を描くことは無理であった。大矢透博士の『隋唐音図』などは『韻鏡』の図に日本古典籍に記入されている仮名をもって、『漢呉音図』にならって、隋・唐代の音図を作ろうとしたものであるが、結果は隋唐代の音を日本で受容した時の、日本漢字音の表でしかなかった。折から中国では古韻学[12]の研究が盛んであり、併せて西欧[13]の学者で中国語音韻史の研究についての成果が挙り、日本でもこれを範とする中国[14]音韻史の研究が主流となっていった。しかし日本に残存している資料も中国音韻史上の貴重な資料の一つであることには違いなく、それをうまく活かすことは、中国音韻史のみならず日本[15]漢字音史・国語音韻史研究にとっても必要なこととなっている。

（11）　『周代古音考』『周代古音考及韻徵』（大正三年〈一九一四〉）
『隋唐音図』（昭和七年〈一九三二〉）
『韻鏡考』（大正十三年〈一九二四〉）
ただし大矢透の目的は仮名の源流を探ることにあり、そのため漢字音韻史を徹底的に研究しようとした。

（12）　顧炎武『音学五書』
段玉裁『六書音均表』など。

（13）　H. Maspéro : Le dialecte de Tch'ang-ngan sous les T'ang (1920)
B. Karlgren : Etudes sur la phonologie chinoise (1915—24)
その他。

（14）　満田新造『支那音韻断』（大正四年〈一九一五〉）など。

（15）　高松政雄『日本漢字音の研究』（昭和五十七年〈一九八二〉）・『日本漢字音論考』（平成五年〈一九九三〉）・『日本漢字音概論』（昭和六十一年〈一九八六〉）
沼本克明『平安鎌倉時代に於る日本漢字音に就ての研究』（昭和五十七年〈一九八二〉）・『日本漢字音の歴史的研究』（平成九年〈一九九七〉）
湯沢質幸『日本漢字音史論考』（平成八年〈一九九六〉）・『唐音の研究』（昭和六十二年〈一九八七〉）
小倉肇『日本呉音の研究』（平成七年〈一九九五〉）

6 印欧語学との交渉

悉曇学の渡来

仏教[1]はもともとインドに起きた宗教であるからその教義は古代インド語の一方言で述べられたであろうが、次第に宗教としての普遍性を獲得すると共に、インドの標準文語であるところのサンスクリット語によって述べられ、また梵字によって書かれることになった。その経典が西域地方を通って中国へ渡来し、中国語によって翻訳されて漢訳仏典が成立した。これらは古訳と称される。ところが八世紀頃から大乗仏教の一派として起きた密教は、梵語の呪文を原サンスクリット語で唱えることによって一層の功徳を期待できるとするもので、中国でもそれらの呪文は梵語で唱えられたが、それが空海によって日本にもたらされ、真言宗として成立した時にも、それらは真言あるいは陀羅尼《だらに》として原音のまま唱えられることになった。密教は八・九世紀の中国仏教の主流を成していたので、やがて円仁・円珍らによって天台宗にもとり入れられ台密となり、対して真言宗の密教を東密（東寺密教の意）

(1) 以下、仏教梵語学の渡来については、馬渕和夫『日本韻学史の研究』に詳しい。

といった。こうした風潮から、梵語梵字の学習は密教修行の重要な一科となった。日本ではその学科を悉曇《しったん》[2]と言った。

悉曇を将来したのは、いわゆる入唐八家[3]であるが、それらの諸伝を集大成したのが安然[4]『悉曇蔵』である。そして悉曇学習のテキストになったのは中国で中唐に著わされた『悉曇字記』であり、その研究も悉曇学の重要な課題となり、最初にその注釈を書いたのは宗叡《しゅえい》[5]『悉曇私記』であった。それ以来悉曇の研究は各寺院で続けられたが、次第に梵語の発音は忘れられ、梵語のつもりで発音している日本語の発音に研究対象が移り、平安末期には真言宗からは寛智・心蓮[6]、天台宗からは明覚が出て独自の音韻論を展開した。心蓮の説は永く真言悉曇の主流となった。明覚《みょうがく》[7]は漢字音にも造詣が深く、漢字音研究の分野で行われていた仮名による反切の法と、悉曇の分野で行われていた音韻組織図を綜合して五十音図[8]を作成し、縦横相通の理を用いて五十音図を用いて漢字反切を行う方法を発明して『反音作法』を著わし、その方法がその後江戸時代に至るまで漢字

(2)　梵語学習のテキストを悉曇章というが、これは梵字の音声図表で、その最初にその成立を祝う「成就吉祥」という意味の Siddhaṃ astu という文句を書いたことから出たという。

(3)　最澄・空海・円仁・常暁・円行・慧運・円珍・宗叡《しゅえい》の八人。

(4)(5)　馬渕和夫『悉曇学書選集』第一巻

(6)　心蓮は平安時代末期に高野山東禅院にいた学者で、『悉曇口伝』やその説を記した『悉曇相伝』などがあり、その流派は東禅院流と称せられ、江戸時代に至るまで東密系悉曇学の中心をなしていた。しかしその学説はインド音韻学によりながら日本語の音韻のでき方、各音の観察を成したもので、一種の日本語音韻論ということができる。

(7)　明覚は天喜四年（一〇五六）―康和三年（一一〇六）?の人。若く比叡山・三井寺に学び、のち加賀温泉寺にあって著述に励んだ。学匠として悉曇学、漢字音韻学に大きな足跡を残したが、日本語についても鋭い観察をしており、『悉曇要決』などは今後さらに研究すべき多くの問題を含んでいる。名は「めいかく」ともよむ。

(8)　馬渕和夫『五十音図の話』参照

音研究の主流をなした。

中世以降になると、悉曇学はもとのインドの発音は忘れられて漢字音を手掛りにして研究するようになり、漢字音韻学もまた和化した漢字音について研究することになって、これら二つの音韻学の混交が始まり、一種独特な学問が発生することになった。これを「日本韻学」と呼ぶ。室町時代の終り頃から江戸時代の初めにかけて、ポルトガル(9)人・スペイン人・オランダ人などの渡来により、ヨーロッパ文化との接触はあったが、幕府の鎖国政策により語学的にはさしたる影響は受けなかった。また、インド文化の新しい渡来は無かったので、悉曇学は中世のままに伝承された。しかし本来悉曇の対象とすべき梵語の発音は失われてしまったので、無意識のうちに自分の言葉をもって梵語と錯覚し、そこから反って日本語(10)について反省することがあった。たとえば、相通・連声・音義説などである。

(9)　いわゆるキリシタン語学である。十六世紀キリスト教は布教活動に熱心で、ことにスペイン・ポルトガルの二国の宣教師達は新天地アメリカや、東洋へ進出していった。その中希望峰からインド洋をへて地球を東回りに進んだのがポルトガル人で、その終着が日本であった。ちなみに西回りに進んだのがスペインであった。ポルトガルの宣教師達は布教の手段として日本語を学習し、日本語文法書としては『日本大文典』、辞書としては『日葡辞書』、テキストとしては『平家物語』『伊曽保物語』など、キリスト教義書としては『キリシタン教義』など多くの文献を残した。これらは当時の日本語を知るための貴重な資料となっているが、語学面では国語学にあまり影響は与えなかった。本書155ページ参照。

(10)　肥爪周二「行智の悉曇学とその発達段階」(『茨城大学人文学部紀要』第三十号、平成九年三月)

7　声調の研究

漢字声調の研究から

漢字学習において四声は非常に大事なものであるから、漢字を学ぶ時には必ず随伴するものである。しかし日本に漢字が入ってきた早期には四声のことが問題になったという証拠は残っていない。推古朝の遣唐使派遣以来、当時の中国音学習に伴って四声のことが喧しく言われるようになったらしい。しかしこれを学問の対象として論ずるようになったのは奈良時代からのようである。漢字四声論の伝来については安然『悉曇蔵』[1]に「我日本国元《もと》二音を伝ふ」として、「表」[2]と「金」[3]の両氏の説を並べ、「承和の末正[4]法師来り、…元慶の初、聰[5]法師来る」としてこの両師の説を記している。この「表・金・正・聰」の四名ともその経歴ははっきりしており、その伝えた漢字声調についても中国音韻史の貴重な資料となっている。

おそらくこのような漢字声調の研究が影響したのであろう、日本の典籍にも声点を付することが行われるようにな

（1）本書25ページ参照

（2）「表」は「袁」の誤り。袁晋卿のこと。袁晋卿は『続日本紀』光仁天皇宝亀九年（七七八）十二月十八日に、

玄蕃頭従五位上袁晋卿に姓清村宿祢を賜ふ。晋卿は唐人なり。天平七年我朝使（吉備真備のこと）に随ひて朝に帰す。時に年十八九。文選尓雅の音を学び得て大学の音博士と為る。後に大学頭・安房守を歴たり。（原漢文）

とある。空海『性霊集』に「藤真川浄豊を挙するが為の啓」という文に「（浄豊の）父晋卿遥かに聖風を慕ひて遠く本族を辞し、両京の音韻を誦して三呉の訛響を改む。口に唐言を吐き嬰児の耳目を発揮す」とある。

（3）『続日本後紀』仁明天皇天長十年（八三四）四月八日に、

投化せる新羅人金礼真等男女十人を左京五条に貫附す。

とある。

（4）円仁に従って中国を巡った惟正のこと。承和十四年（八四七）帰朝。

（5）円珍に従って中国を巡った智聰のこと。智聰は円珍帰朝後も中国に留り、元慶元年（八七七）帰朝している。（『三代実録』元慶元年十二月二十一日）。

橋本進吉「入唐僧智聰と悉曇蔵の聰法師」（『著作集』第十二冊『伝記典籍研究』所収）

なお、（2）―（5）は馬渕和夫『日本韻学史の研究』に

る。おそらくそれは『日本書紀』[6]のような公式の書籍を正しく読む為に始まった所為であったのであろう。「正しく」ということは漢語も中国式に読まねばならなかったであろうが、漢字一字で日本語一音を書いてある歌謡・訓注などは、また中国式に読んではならないことから、日本語としての声点を付けるようになったのであろう。仏典においても同様で、訓注に日本語を加える場合、その万葉仮名に声点を付けて日本語であることを明らかにする必要があったのであろう。もう一つは師のよみ方を正しく伝える為ということもあったであろう。『類聚名義抄』[7]の序文に、

片仮名有朱點者皆有擄證亦有師説

と言っているのはそのことである。当時の学問は師説を正しく祖述することも重大な使命であった。

こうしたことから、平安時代の中期から漢字の声調論[8]が盛んに論ぜられたが、これは漢音についてのものが元で、呉音のもの、および和語の声点も漢音の声調論の借用だったようである。[9]

このようにして、和訓に声点を付けることは、『和名類[10]

詳しい。

(6)　『日本書紀』の文中に声点を付した古写本はいくつもあるが、それがどこまで遡っていけるかとなると不明なことが多い。しかし十三ページ下段に挙げた『弘仁私記』によると平安初期まで遡れるかもしれない。現に平安中期の写本とされる前田家本にはすでに声点が見られる。

(7)　東寺観智院本（現天理図書館蔵）による。本書19・106ページ参照。

(8)　小西甚一『文鏡秘府論考』（昭和二十八年〈一九五三〉）
　金田一春彦「日本四声古義」（『国語アクセント論叢』昭和二十六年〈一九五一〉）

(9)　馬渕和夫「呉音の四声説」（『国語史叢考』所収）

(10)　以下の資料およびその他ここには挙げられなかったものについては、秋永一枝他編『日本語アクセント史総合資料』に詳しい。また本書153ページ以下参照。

聚抄』『類聚名義抄』『色葉字類抄』などの辞書、『日本書紀』『同私記』『古語拾遺』などの歴史書、『金光明最勝王経音義』『大般若経音義』『法華経単字』などの音義書、『万葉集』『古今集』『伊勢物語』などの日本古典に広く行われたが、ことに仏家の方で伝統的な読誦を重視する声明論議などで、よみくせ、音律を示すのに用いられ、その方の専書として、『補忘記』(11)『四声開合呉音秘抄』『開合名目抄』なども著わされた。しかしこれらは読誦音の伝承という実践の場で用いられたのみで、そこから語学の一分野が発生したというわけではない。ただ『金光明最勝王経音義』は漢字音研究の一部門として特異な学的志向を示しているかに見られるが、未だあまり十分な解明はできていない。

(11) 桜井茂治『新義真言宗伝「補忘記」の国語学的研究』(昭和五十二年〈一九七七〉)およびその書評(馬渕和夫『国語史叢考』所収)に詳しい。

Ⅳ　仮名遣研究

8　古典校勘より仮名遣研究へ

古典校勘　わが国において漢籍・仏典の校勘の行なわれた歴史は古い。漢籍・仏典の古写本類で現存するものに、校勘のあとの残っているものも多く、これらの[1]古写本類の奥書によってその様相もうかがいうる。

古来、漢籍・仏典を問わず、その研究者は、つとめて異本を見付けてはこれを校合し、正しい本文を得ようと不断の努力を続けていたのである。

このような校勘の作業は、和文の世界にも持ちこまれた。もっとも、その中間的な文献として、『日本書紀』と『万葉集』があり、どちらも漢字のみで書かれている点においては、漢籍の校勘と似たものと考えられたであろう。また両書とも日本最古の古典であるという点において、文献学的な取扱いを受けるべき正当な権威を持っていたので

（1）小林芳規の報告によれば、毛利家蔵『呂后本紀第九』の奥書に、次のごとくにある。

延五正廿四辰書了　同年同月廿九日点合了　延五《四》一受訓了　学生大江家国

康和三年正月廿七日以秘本見合了家行之本也　同年同月廿九日読了

（以下略）

小林の注によると、「康和三年云々」は前行とは別筆であるから、康和三年（一一〇一）に、この本の所持者（大江家国か）が、家行という者の持っていた秘本をもって校合を行った、ということである。「延五」は「延久五年」（一〇七三）のこと。また、おもしろい例としては、『熾盛光仏頂大威徳銷災大吉祥陁羅尼経』（久原文庫）に、扉に、

寛治五年八月於鴻臚館以大宋商客季居簡摸本或比校之即右墨字是居簡本耳

と書いてあるのをみると、この経の所有者は、鴻臚館に出向いて、大宋商人季居簡なる者の持っていた写本と比校しているのである。寛治五年は一〇九一年。

次のは単なる一説話かも知れないが、『今昔物語集』巻第十一、第一語に、聖徳太子が小野妹子に依頼して、自分が前生に衡山の思禅法師としてあった時に所持していた法華経を持ち帰ってもらったところ、それは太子のではなかったので、太子は自らの魂を遺して自分の法華経を将来したという話があり、

其経ト見合スルニ、此ニハ无キ文字一ッ有リ。此ノ経モ一巻ニ書ケリ。黄紙□ノ軸也。

あろう。『日本書紀』の平安時代書写本に校訂があったことは断言できないが、鎌倉時代となれば卜部兼方本[2]『神代紀』(弘安二年〈一二八六〉)のごとき校合の跡を残したものも存在しており、その後には数多くの校合本が残っている。『万葉集』では、『元暦校本』と呼ばれるものがすでに存在している。これには、巻二十の終りに、

元暦元年六月九日以降以或人校合了

とあって、一一八四年、平安時代の極末期においてそのことが行なわれたことを知る。また寛元四年(一二四六)から、文永九年(一二七二)にかけて、仙覚[3]の精力的な『万葉集』校合の業績があり、その結実が『仙覚本万葉集』[4]となる。

こうした状勢は、『古今集』『伊勢物語』『源氏物語』などの和文古典にも及んできた。しかし、和文古典のばあいは、漢字文献とちがって、「かな」の問題があった。「かな」は「仮名遣」と関係してくる。そこに、個々の漢字の異同とは違って、一般法則的なものに発展する契機があった。

とある。「其経」というのは小野妹子将来のものであり、「此経」というのは聖徳太子の魂の将来したものである。そしてこの二本を比較し、一字の差異があったということを述べており、やはり当時の人々の関心が異本の校合にあったということを物語っていると思う。

安然の『悉曇蔵』は、当時の悉曇学の源底をつくしたもので、厖大な仏教学書・音韻学書を網羅した大著述であるが、その目的は、もっとも正しい悉曇章の本文を校定しようとしたことにある。そのためには、単に異本蒐集とその本文批判という外形批判に止まらず、梵語の音韻組織とその音価の究明、仏教音義説からの検証という内部批判をもあわせ試みているのである。したがって、『悉曇蔵』八巻はそれ全体として混然とした文献批判学の著述ということができる。

(2) 本書14ページ参照

(3) 建仁三年(一二〇三)―? 万葉学者。本書136ページ参照

(4) 武田祐吉「万葉集抄・仙覚・仙覚本」(『万葉集大成』2文献篇、昭和二十八年〈一九五三〉)

9　定家仮名遣

定家仮名遣　定家(1)が仮名遣に関心をもったのは、その古典書写校勘の作業を通じて平安時代末期の仮名遣の乱れに逢着せざるをえなかったからである。定家がどのような原則に立ってその仮名遣を定めたかについては、大野晋にくわしい論証(2)があり次のごとくにまとめられる。

1　「お」と「を」との使い分けは、「を」を上声に、「お」を平声(3)に使っている。

2　「え」「へ」「ゑ」、「い」「ひ」「ゐ」の使い分けは、「旧草子」によって定めたのであろう。

たしかに、定家の著『下官集』の、これらのかなの用例をあげた後に、

右事非師説只発愚意見旧草子了見之(4)

と述べているところをみると、こういう原理による仮名遣は、「旧草子」にあった、ということになる。

アクセントによるかなの使い分けは、承暦三年（一〇七九）書写の『金光明最勝王経音義』(5)に見える。

(1)　応保二年（一一六二）―仁治二年（一二四一）。歌人。『新古今集』『新勅撰集』の撰者。文献学者。日記に『明月記』がある。

(2)　「仮名遣の起源について」（『国語と国文学』昭和二十五年十二月、「藤原定家の仮名遣について」（『国語学』七十二輯）

(3)　上声はアクセントの高、平声はアクセントの低。

(4)　この文は次の如く訓む。
右の事師説にあらず。ただ愚意よりおこる。旧草子を見て了見せよ。

(5)　金田一春彦「金光明最勝王経音義に見える一種の万葉仮名遣について」（『国語と国文学』昭二十二年十一月）

馬渕和夫「定家かなづかいと契沖かなづかい」（『続日本文法講座』2・『国語史叢考』所収）

このかなづかいは訓注の語のアクセントを示すための工夫であるかのごとくに見えるが実は字音注のためのものである。このことは、「いろは」に次いで、字音を注する借字を挙げていることによって明らかである。

さて、万葉がなの「いろは」において、すべての字を二種に限定して高低を示すことをせず、マ・ケ・フ・メ・シ・ヱ・ヒ・モの八音においては三種の字母を挙げ、オは一種しかあげていないのはどういうわけであろうか。もし、本音義書において独創的に使い始めたものであるならば、所用字母は高低の二種に限定してよかっ

この書の最初に、万葉がなの「いろは」が掲げられているが、これはそのはじめに「先づ付くる所の借字《かな》を知るべし」としるしているごとく、音注に用いた万葉がなが、各音に二種乃至三種ずつあり、その字母の使い分けによって音の高低を示そうとしたものである。

次に、定家は、エとヱとへ、イとヰとヒの挙例においては、オとヲにおけるように、「緒之音」「尾之音」というような、アクセントの差異を示す〝見出し語〟をあげていないのであるから、当然それらの仮名は、別の音を表していたものと解される。逆にいえば、もし、「え」と「ゑ」とが同音に、また、「い」と「ゐ」とが同音になっていたならば、「お」と「を」とにおけるごとくに、「□の音」として、アクセントの相違による字の使い分けを示したはずだと考えられるのである。しかし、「え」と「ゑ」、「い」と「ゐ」とは若干の語においては語頭においても混同が始まっており、語中の「え」「へ」「ゑ」、「い」「ひ」「ゐ」ではさらに混同が進んでいたのであるから、これらは旧草子の用例によるほか基準の立てようがなかったと解される。

たはずであるし、また、濁音のかなもみな二種ずつそろえてもよかったはずであるから、こういうアクセントかなづかいは、さらに古い時代から行なわれていたことを示唆するものであろう。本音義書はそれを整理したものと解されるのである。また、オの音には「於.」のみで、ヲの音には「.乎遠.」と二種の字母を用いているのも、理に合わないから、

オ　於.X

ヲ　.乎　遠.

とあったと考えられはしまいか。これは、「オ」と「ヲ」

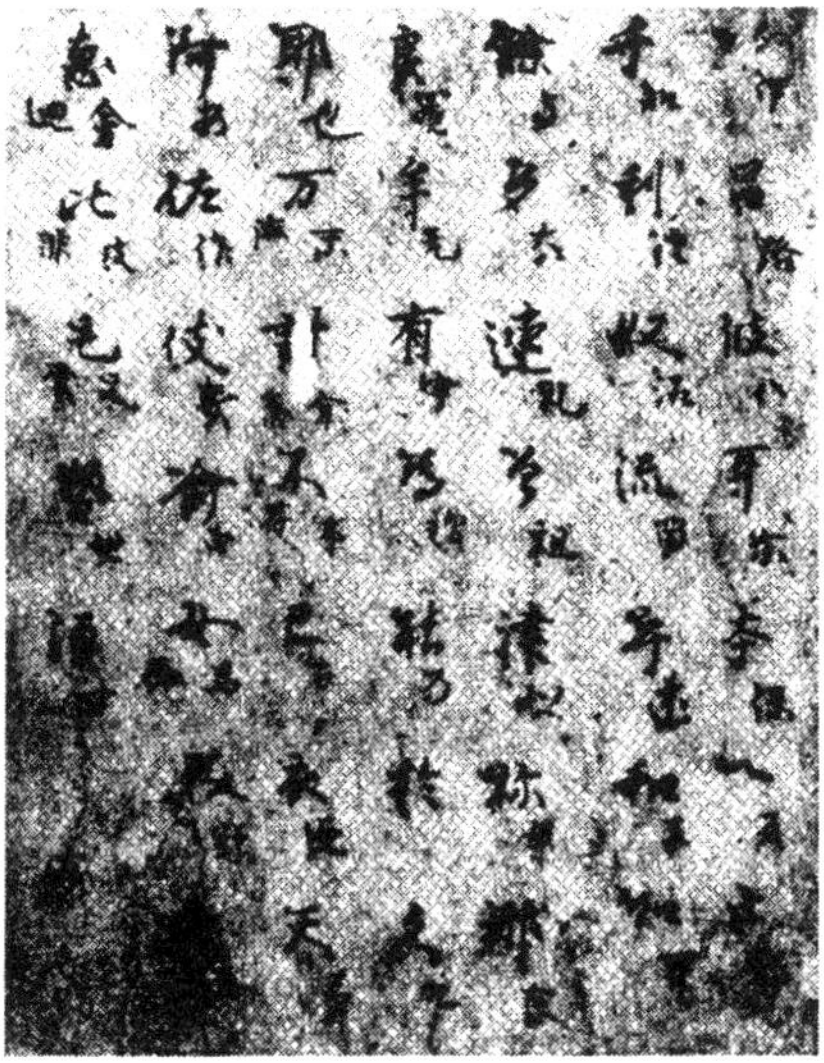

『金光明最勝王経音義』（大東急記念文庫蔵）

行阿の仮名文字遣　　定家仮名遣は、物語や和歌を書写するばあいの準拠とすべき仮名遣として、それらの世界で用いられて、また、定家が請われるままに書いて与えた伝書が、『下官集』『定家卿仮名遣少々』などの名のもとに広まり、それにさらに後世の手の加わったものなども生れた[6]。そしてそれらのうちの一書にさらに語彙を増加したものが行阿[7]の『仮名文字遣』[8]である。行阿の仮名遣に対する方針は、定家仮名遣の踏襲であるから、アクセントの時代的変遷によって「お」と「を」の使い分けが定家時代と相違してきたことはいたしかたのないことであった。しかし、このような、仮名遣の基準を発音にもとめることは、一種の「かなの原則」であった。

成俊の文和二年書写万葉集跋文　　定家仮名遣にもっとも早く疑問を提出したのは成俊[9]で、文和二年（一三五三）八月二十五日に万葉集を書写して、その跋文に次のように書いた。

抑[10]於和字音義従京極黄門之以降尋八雲之跡之輩高卑伺其趣者歟。仍天下大底守彼式而異之族一人而無之。依

とが別音として意識されていた時代のことであり、それがやがて、オには「於」、ヲには「乎」（もしくは「遠」）となっていく過渡の状態を示しているのではないか。こういうアクセントかなづかいによる「オ」と「ヲ」の使い分けは、平安時代末には、ある種のグループで行なわれていたのである。

　大野晋は、「お」と「を」をアクセントによって使い分けている資料として、三巻本『色葉字類抄』をあげているが、さらに小林芳規は、承徳点本（一〇九九）『将門記』の別筆仮名にも同様の使い分けがあることを指摘している。（『国文学攷』四十九号）。馬渕和夫は、康治元年（一一四二）の『極楽願往生歌』も同じ仮名づかいによっていると指摘した（『国語音韻論』五八ペ）。築島裕は無窮会蔵鎌倉時代写『大般若経音義』にもこの仮名づかいが見られると報告した（昭和四十五年春訓点語学会）。

（6）馬渕和夫「定家かなづかいと契沖かなづかい」（『続日本文法講座』２表記篇・『国語史叢考』所収）
（7）生没年不詳。本名源知行。
（8）文明十年（一四七八）の識語を持つものが最も古く、江戸初期に刊本となり、数種の刊本がある。
（9）生没年不詳。南北朝時代の学僧。
（10）この文は次の様な意味である。
そもそも、かなの音義においては、京極黄門定家卿以降和歌にこころざすものは、高きも卑しきもその

之人々似背万葉古今等之字義者也。僕又専彼式而用来年久。今時又不背之将来又以可然者也。但特地於万葉集至于書加和字於漢字右而聊引散愚性之僻案。偏任当集之音義所令点之也。是且非自由且非無所詮。其故者依当世之音義書其和字之則違万葉集儀理之事在之。所謂当集者遠近之遠字之仮名者登保登書之草木枝條之撓乎者登乎登書之。当世遠近之遠字和音者登乎登書之。然者用書此和音者所可令集之字語相違也。又書宇恵者殖也書宇辺者上也。此外此類雖有之恐繁而註別紙略之尓已

文和二年癸巳中秋八月二十五日

権少僧都成俊記之

趣にしたがっているらしい。そこで、天下は大体定家かなづかいをまもり、これとことなる様なものは一人もない。これによってひとびとは、万葉・古今などの字義にそむいているらしい。僕もまた、定家かなづかいをもっぱらもちいて長年になった。現在もまたこれにそむかず、将来もまたそうであろう。しかし、ただ、万葉集において、かなを漢字の右に書き加えるときには、いささか自分の私案を適用した。ひとえにこの万葉集の音義にしたがってかなづけをしたのである。これはかってにするのではなく、いたしかたないのである。そのゆゑは、現代の音義書（かなづかい書）によってかなをつけると、万葉集の義理にたがうことがある。たとえば、この万葉集で、遠近の遠のかなは「登保」とかき、草木のえだがたわむというのは「登乎」とかく。現代、遠近の遠字のかなは「登乎」とかく。そうすると、このかなをもってかけば、万葉集の字語と相違することになる。また、「宇恵」とかくのは、「殖」で、「宇辺」とかくのは「上」である。このほかこの類はあるけれど、繁を恐れて別紙にしるして略した。

これによってみれば、成俊は『万葉集』に仮名を付するという作業を試みているうちに、『万葉集』の仮名のつかい方が、定家仮名遣とは相異することに気づいたのである。これは古典の書写加点のことにより、古代の仮名のつかい方に気づいたものであって、契沖の仮名遣研究の先縦をなすものである。

『仙源抄』跋文　つぎに定家仮名遣の批判をのべたのは、長慶天皇(11)の『仙源抄』跋文である。『仙源抄』は『源氏物語』の語彙をあつめたものであるから、左の引用文中の「此物語」というのは『源氏物語』のことである。

(12)抑文字のつかひの事、此物がたりをさたせん(沙汰)につきては　心得べき事なれば、つゐでに申侍るべし。中比、定家卿定めたるとかいひて、彼家の説をうくる輩従ひ用る様あり。おほよそ漢字には四声を分ちて、同文字も音にしたがひて心もかはれば子細に及ばず。和字(13)はもじ一に心なし。文字あつまりて心をあらはす物なり。さればふるくより声(14)のさたなし。或は別(15)の声を同音に用たるあり、をは遠上声又去声也、越入声也、いは以上声、伊は伊平声也、或は訓を音に似たる(たとへイ)あり。とは止《シ》ト、ム也、江は江《カウ》エ也、此たぐひこれにかぎらず、万葉をみてひろく心うべし。まづいろは四十七字ノ内、同音(16)あるは、いゐ、をお、えゑなり。此外に、はひふへほわゐうえをとよむは、詞(17)の字の訓につきてつかふもじ也。暫くいろは(18)をつねによむやうにて声をさぐらば、

(11)　第九十八代天皇。興国四年（一三四三）―応永元年（一三九四）

(12)　本文は筑波大学付属図書館蔵、元和四年（一六一八）写本により、句読・濁点のみ加えた。

(13)　仮名は一字では意味を表わさず、二字三字とつらねて意味を表わすものだ。

(14)　仮名一字一字は音は表わすがアクセントまでは表わさない。

(15)　漢字では別のアクセントの字でも、同じ仮名文字（万葉仮名）に用いたものがある。

(16)　「い」と「ゐ」、「え」と「ゑ」、「お」と「を」とが、それぞれ同音になったことを明言した文である。

(17)　「はひふへほ」を「わゐうえを」とよむのは和語の中（現代的に言えば文節中）で使う字である。

(18)　「いろは」を普通の言葉として発音してアクセントを調べてみると。

おもじは去声(19)成べし。定家がおもじつかふべき事をかくに、山のおく(20)とかけり。誠に去声とおぼゆるをおく山と打かへしていへば、去声にはよまれず、上声に転ずる也。又おしむ、おもひ、おほき、おぎの葉、おどろくなどかけり。これは皆去声にあらず。此内おしむは、おしからぬといふをりは去声に成。思ひも、思ひ〳〵といふをりは、はじめのおもじは去声、後は去声にはよまれぬ也。又え文字も、去声成べきに、ふえ、たえ、えだなどをかけり。すべて何れのもじにも平上去の三声はよまるべきなり。たとへばかもじとみもじとを合よむに、かみ神也、かみ上也、かみ紙也又一文字にては、は木葉也ぱ楽破也。加之、同心にて同字をよむに、上下にひかれて声かはることあり（以上二十三字朱ニテオギナウ）。天竺悉曇(21)の法に連声といふ事あり。又内典の経などよむに声明(22)の音便によりて、声をよみかふる事のあるも皆このたぐひ成べし。かみがみ神々といふに、はじめのかもじは去声によまる。又一字(23)にとりても、序破急といふをりは、破の字平声

(19)　この「去声」は定家仮名遣のところにあった「平声」に当る。低くてやや長い音であろう。

(20)　ここに出てくる語の平安末期京都アクセントを『類聚名義抄』によって調べると次のごとくである。

おく　奥　オク
おしむ　惜　ヲシム
おもひ　思　オモヒ
おほき　大　ヲホキナリ
おぎ　荻　ヲキ
おどろく　驚　オトロク
ふえ　吹　フヱ
たえ　断　タエヌ　タツ
えだ　枝　エタ
かみ　祇　カミ　上　カミ　紙　カミ

これによって見ると、「お」に関しては定家仮名遣は皆平声に用いられていることがわかる。よって長慶天皇のアクセントが平安末期の京都アクセントと違ってきていたと解すべきであろう。

(21)　密教の方で、梵語《ぼんご》をサンスクリットの音のまま唱えることが行われており、その時に、前後の音に引かれて音が変ることがあった。それを連声といった。本書24ページ参照。

(22)　「しょうみょう」と読む。節をつけて文章を唱える一種の仏教音楽。「音便」とは連声の一種。

(23)　一字でも「序破急」という時の「破」の字は平声、

によまれ、破をひく、破をふくなどいふをりは、去声になるたぐひのごとし。これにてしりぬ、和字に文字づかひのかねて定めをきがたきことを。[24]定家かきたる物にも、緒の音を、尾の音お、などさだめたれば、音につきてさたすべきかと聞えたり。然れ共、其定めたる所四声に叶はず。また一字に[25]儀なければ、其文字其訓にかなふべしといひがたし。音にもあらず、儀にもあらず、[26]何れの篇につきて定めたるにかおぼつかなし。然れ共、俄に此[27]ついへをあらたむべきにあらず。又ひとへにこれを信ぜば音儀にかなふべからざるによりて、この[28]一帖には文字づかひをさたを《（せイ）》ず。かつは先達の所為をさ[29]みするに似たるといへども、音に通ぜん[30]物は、をのづから此こころを弁まへしるべしとなり。

この所説は、おおむねアクセント観の見地から定家仮名遣を批判したものであるが、しかし中に、かなの字源をなした万葉がなのことを論じているところのあることよりみれば万葉がなに関心があって、確実な文字論を展開したということができる。

「破の調子で琴をひく」「破の調子で笛を吹く」などという時の「破」は去声になる。

（24）定家の書いた『下官集』の類の伝書を指す。本書32ページ参照。

（25）仮名の一字一字には意味が無い、音を表わしているだけだから、その字にはその訓が当たるなどとは言えない。

（26）中世には、漢字を出してそれが何篇であるかを当てる遊びがあり、これを「篇つき」といったが、ここでは、「何を根拠にしてきめたかよくわからない」の意。

（27）弊風。まちがったやり方。

（28）『仙源抄』を指す。

（29）あなどる。見くだす。

（30）者。人。

10　歴史的仮名遣

契沖の歴史的仮名遣　定家仮名遣に対して、いわゆる歴史的仮名遣を提唱し、これを確立したのは契沖[1]であるが、契沖はやはり『万葉集』の研究の過程において、古代においては定家仮名遣と相違する仮名遣が行われていたことを確信し、これこそ和歌・和文を書記する際の規範となるべきものであると考えたのである。

契沖の仮名遣書は、つぎの三本があり、いずれも『契沖全集』[2]第七巻におさめられている。

1　和字正濫鈔　刊本　五冊
初版は元禄六年（一六九三）の序があり、元禄八年（一六九五）の刊行である。再版・三版は元文四年（一七三九）・文政十一年（一八二八）に、いずれも大阪ででている。契沖五十四歳。

2　[3]和字正濫通妨抄　写本　五冊　京都北野神社文庫蔵
元禄十年（一六九七）の著。五十八歳

3　和字正濫要略　一冊　写本　京都上賀茂神社文庫蔵

（1）　寛永十七年（一六四〇）―元禄十四年（一七〇一）尼崎の生れ。十三歳より二十三歳まで高野山で修学。国学者下河辺《しもこうべ》長流《ながる》と親交があり、その推挙で水戸光圀より『万葉集』の注釈の依頼を受け『万葉代匠記』を著し、その他日本の古典を深く研究した。
久松潜一『契沖の生涯』（昭和十七年〈一九四二〉）

（2）　朝日新聞社版は昭和三年（一九二八）出版、昭和四十八年（一九七三）に岩波書店より新版が出た。ここでは旧版による。

（3）　馬渕和夫『五十音図の話』でこの本の性格についてふれてある。

大阪円珠庵蔵

元禄十一年（一六九八）の著。五十九歳。みぎ三書とも六十二歳で入寂した契沖としては、晩年の、学問の熟したときの作である。

これらの書によってみるに、契沖の仮名遣説は、いわゆる歴史的仮名遣について確乎とした論拠を与えたものであり、仮名遣の史的研究としては画期的なものであった。これがやがて音韻史研究への第一歩であったけれども、彼は仮名の使い分けは音が違っていたからだとは言っていない。『和字正濫鈔』の序文に次のごとくにある。

(4)取《テ》二梵文《ヲ》一配《スルニ》二和語《ニ》一其《ノ》要有《リ》二十四音一。謂《ク》安以宇江遠《ヲ》爲レ韻《ト》、加左太奈波末也良和爲《ヲ》二聲體《ト》一。阿《ハ》雖レ在レ韻《ト》兼《ニテ》レ声《ヲ》諸音《ノ》本源《ナリ》。九聲四韻相交《ヒテ》生《ス》二三十六音《ヲ》一。摠《テ》五十音以《テ》括《レリ》二天下《ノ》聲韻《ヲ》一。考《フルニ》二万葉集等《ヲ》一、振《ヨリ》レ古省《ケリ》二伊于要《イウエノ》三音《ヲ》一。爾《レハ》乃《ハチ》諸書《トハ》與二以呂波一唯聚散之《ノ》異而《ノミ》巳。猶有《リ》二音《ノ》相似《ヒテ》易《キ》レ濫《シ》者《ノ》一。中葉《ヨリ》以來、學識倶《ニ》降《テ》且不レ致《サ》レ意《ヲ》。遂《ニ》則《ハチ》、匪《ス》三翅《タ》、混《スルノミ》二以《イ》爲《ヰ》遠《ヲ》於《オ》等《ヲ》一、迄《レリ》二于四位《ヰヲ》位音為寄《セ》レ椎《シヒニ》日本紀等志比逢《アヒヲ》阿比寄《セ》レ藍《アヰニ》阿為木《コ》居《ヰヲ》古為寄《スルニ》レ恋《コヒニ》古比。

(4)　この文は左の如き意味である。

梵文を日本語に当てはめてみると、要点は十四音にある。アイウエオ（ア行のオは当時まだヲだと思っていた）を韻となし、カサタナハマヤラワを声体とする。アは韻と声とを兼ねて諸音の本源である。九つの声と四つの韻（アを除く）と組み合わせて三十六音を生じ、全部合計して五十音をもって天下の声韻をすべてくくっている（日本語の五十音に合わせようとしている。つまり、中国音もインドの音もすべて日本語音で考えようとしている）。万葉集等を考えてみると、古よりイウエの三音はア行の字と同じであるからこれを省くと、イロハと同じことになる。その他にも音が似ていてまぎれやすいものがあるが、中世以来人々の学識がみな低下し、その区別に注意しなくなった。遂にはイヰヲオ等を混雑するばかりでなく、「四位」を「椎」と同じと思って掛け言葉にしたり、「逢」を「藍」に同じとし、「木居《こゐ》」を「恋」にかけたりするに至った。

これによると、「以《イ》為《キ》遠《ヲ》於《オ》」は「音の相ひ似て濫し易き者」と考えて、それだから学問をしてきちんと区別しなければならぬとしていたと解される。同じく『和字正濫鈔』序文中に、

エとヱ、字も音も共に相似たる故に、人おほく混乱してわきまへず。

とある。これも、エとヱと、字も音も似ているから、ちゃんと区別しなくてはならぬと考えていたのであろう(5)。

ただ、かれは常に漢字音の区別はその反切から判断して、「い」「ゐ」、「え」「ゑ」、「を」「お」に当る漢字音の相異は知っていたはずで、そのことは随所に見えるが、これを国語音に適用するのには躊躇を感じたのであろう。『和字正濫要略』の序にも、

億《オ》計王弘《ヲ》計王は、兄弟にておはします。億計王は、兄《コノカミ》なれども、後に位につかせ給ひて仁賢天皇と申す。弘計王は顕宗天皇なり。古事記には、意祁王《オケノ》袁祁王《ヲケノ》とかゝれたり。億意はともに仮名お、弘袁はともにをなり。億は大の義、弘は小なるべし。計は何の義といふ

(5)　『和字正濫通妨抄』は、かれの説に反対した橘成員の『倭字古今通例全書』に対して、かなり興奮して書いた反駁の書であるから、序文中にも重複の記事が多く、未整理の感があるが、次のような文はどう解すべきであろうか。

又古今におなじもじなき哥あり。いはゆる
よのうきめ見えぬ山路へいらんには思ふ人こそほだしなりけれ
これ、うとふとえとへ、聞おなじけれど、字別なればさまたげなし。もしきゝのおなじきをも混じてかけとならば、此哥おなじもじある哥なるべきにや。又思ふとほだしと、きゝは同じからねど、混ずる方にていはゞいかゞあるべき。又新勅撰にも同じ文字なき哥あり。
逢ことよ今は限のたびなれや行するゑしらでむねぞもえける
これはするゑともえと、まさしく同字となるべきにあらずや。音便をまたぬ同音も末は須恵とかきて江を用ず、燃は毛江とかきて恵に亘らぬゆゑにこそ、よむ人もよみ、えらぶ人もえらびたれ。

これによると、「う」と「ふ」、「え」と「へ」とは同じ発音だと考えていたようであり、また、「ゑ」と「え」も同音と考えていたようである。ところがそれにつづく文章の中で、

かくそへごとするにも同声を用、同紐の字を用うる

事いまだ知らず。もしをおを混ぜば、此御中いづれ御兄、いづれ御弟とわかつことあたはざるべし。

という記事がある。これももう一息はっきり、「を」と「お」とは音の違いがあったといってもいいように思われるところである。

歴史的仮名遣研究の進展　契沖の歴史的仮名遣説は、国学者達の支持をえて次第に広まったが、これをさらに増強したものに、(6)楫取魚彦《かとりなひこ》の(7)『古言梯《こげんてい》』から、(8)村田春海(9)『仮字大意抄』『仮字拾要』、市岡猛彦(10)『雅言仮字格』(11)『雅言仮字拾遺』、山田常典(12)『増補古言梯標註』などがあり、次第に語彙を増し、また出典を確実にしていった。

賀茂真淵　契沖が決断を下しえなかった上代の仮名遣と音との関係を明確に断言したのは賀茂真淵(13)であった。かれの(14)『語意考』は、文字よりも音韻を第一義とする点で非常に特色あるものであるが、先掲の「億計・弘計」に関して次のごとくにいう。

　意計弘計のみこは御はらからにて同じ大殿におはしませしに、意と弘のこゑ均しくはいかにまどはしからは、こなたに仮名をたゞすにおなじ。圍《ヰ》と伊《イ》於脂切のごとく、ゐいの音替らば、そへごとに用られじ。

といっている。他にもこれと全同のことをいった個所がある。「そへごと」とは注のことであって、同音だから音注をするのだ、「漢字の圍と伊のごとく、ゐいの音がかわっていたら音注は用いられない」といっているので、あきらかに、「イ」と「ヰ」とは同音だと考えていたらしい。また、

　いゐえゑをおこそ初より同じう聞ゆれど、いにしへの人はそれぞれにおのづからわきまへてたがへざればにや、注せる物なし。

ともいって、はっきり音の相異だともいっていないところをみると、そう断言するだけの自信に欠けていたのであろう。

(6)　享保八年（一七二三）―天明二年（一七八二）
(7)　明和二年（一七六五）刊
(8)　延享三年（一七四六）―文化八年（一八一一）
(9)　享和元年（一八〇一）成
(10)　文化四年（一八〇七）刊
(11)　文化十一年（一八一四）刊
(12)　弘化三年（一八四六）刊
(13)　元禄十年（一六九七）―明和六年（一七六九）現在の浜松市の生れ。岡部氏。県居と号した。本居宣長の師。
(14)　明和六年（一七六九）二月序

ん。さらば御名にもかくは申奉るべきや。まぎれなく分れしもの也。かゝれば五十聯《イツラノ》音の中の袁《ヲ》於《オ》衣《エ》恵《ヱ》以《イ》爲《ヰ》の音も意も明らかに別《コト》にして、かくあらでは此國の言をなさゞるが故に相似たるをもならべ載し也けり。そのおの〳〵分ち有よしは下に出るを見よ。且右の御名を分つに意は平聲にて於保の略、計は和計の略にて大別のみこちふ事、弘《ヲ》は去聲にて小《ヲ》の意なれば小《ヲ》別《ワケ》のみこちふ事也。御兄を意保《大》、御弟を弘《ヲ》《小》と申分奉れり。

真淵はかなと音との関係を把握したことによって国語の音韻法則について重大な発見をなしている。このことについては音韻の項にある。(15)

このように、かなと音韻との対応を発見したことは、仮名遣の研究から上代音韻組織の解明へと進んでいく端緒を開いたものとして高く評価してよいことである。

(15)　本書51ページ参照

11　本居宣長の仮名遣研究

本居宣長(1)の『字音仮名用格《もじごゑのかなづかひ》』(2)　宣長は本書の初めに、

> 御国言《ミクニコトバ》ニ於《オキ》テモ後世多クハ錯乱シテ善ク是《レ》ヲ辨フル人無クシテ数百年ヲ経《ヘ》タリ。然ルニ近世難波ノ契沖僧始メテ是ヲ考ヘ出ダシ和字正濫抄ヲ著セルヨリ古ヘノ仮字再ビ世ニ明ラカニナリヌルハ比類ナキ大功ナリ。ソノ後古学ノ道イヨ〳〵開ケテ古言ノ仮字ヅカヒニオキテハ今ハ遺漏無キヲ近年出来タル古言梯便リヨキ書也、字音ノ仮字ニ至テハ未ダ詳カニ考ヘ定メタルモノナクシテ（下略）

と言っている。つまり彼の考えでは、仮名はあるきまり、すなわち仮名遣に従って書くべきものとしていたらしく、それがどの程度実際の発音を反映するものかということはあまり考えていない。だからその書の中に「おを所属辨」という国語音韻の問題を解明しながら、これを「お」がア行、「を」をワ行に属するという音図上の問題として処理している。(2)

ところが彼は『古事記』の研究に従事しているうち、

(1)　享保十五年（一七三〇）―享和元年（一八〇一）伊勢松坂の人。賀茂真淵を師とする。

(2)　本書22ページ参照

(3)　なお、字音仮名遣の研究は漢字音の研究なくしてはできないことであったから、研究の中心課題は漢字音の研究に移った。漢字音の研究については前に述べた。

(4)　これは上代音韻組織の解明の重大な端緒となったものであるから長文をいとわず引用する。

> さて、又同音の中にも其言に随ひて用る假字異にして、各定まれること多くあり。其例をいはば、コの假字には、普《アマネ》く許古二《ココノ》字を用ひたる中に、子《コ》には古字《ノ》をのみ書て、許字を書ることなく、【彦壮士《ヒコヲトコ》などのコも同じ】メの假字には、替《アマネ》く米賣二《メメノ》字を用ひたる中に、女《メ》には賣字《メノ》をのみ書て、米字《メノ》を書ることなく、【姫處女《ヒメヲトメ》などのメも同じ、】キには、伎岐紀《キキキ》を普く用ひたる中に、木城《キキ》には紀《キ》をのみ書て、伎岐《キキ》をかゝず、トには登斗刀《トトト》を普く用ひたる中に、戸《ト》太問《フトトフ》のトには、斗刀《トト》をのみ書て、登《ト》をかゝず、ミには美微《ミ》を普く用ひたる中に、神《カミ》のミ木草の實《ミ》には、微《ミ》をのみ書て、美《ミ》を書ず、モには毛母を普く用ひたる中に、妹百雲《イモモモクモ》などのモには、毛《モ》をのみ書て、母《モ》をかゝず、ヒには、比肥《ヒヒ》を普く用ひたる中に、火《ヒ》には肥《ヒ》をのみ書て、比《ヒ》をかゝず、生《オヒ》のヒには、斐《ヒ》をのみ書て、比肥をかゝず、ビには備毘《ビビ》を用ひたる中に、彦《ヒコ》姫《ヒメ》のヒの濁《リ》には、毘《ビ》をのみ書て、備《ビ》を書ず、ケに

『古事記』の用字にある種の特殊のかたより[4]があるのに気付いた。それが上代音韻に関する画期的な発見につながっていくはずであるが、かれはそれを上代の万葉仮名の一用法と考えたのみで、音韻の問題とは考えなかった。

石塚龍麿の『仮名遣《かなづかひ》 奥山路《おくのやまぢ》』　本居宣長の右の着想を受けて、さらにこの事実を徹底的に記紀万葉について調査したのは、石塚龍麿[5]であった。かれは『仮名遣奥山路』[6]の自序に、

上つ代にはその音おなじきも言によりて用ふる仮字定まりていと厳然になむありつるを、奈良の朝庭の末などより此差別《ケヂメ》のみたれつと見えて、古事記日本紀万葉集の外には証とすへきふみなし後世の書にても此三書に合へるをはとりつ。しか定まれるはいかなるゆゑともしれねども、古事解《フルコトトク》にはたすけとなる事いとおほしとは、世々の識人《モノシリ》のいまだ見得ざりし事なるを、我師の君のはじめて見得たまひて、古事記伝にかつ〲論らひおかれたる。

とのべていることより、この事実を「かなづかい」[7]と考えていたことがわかる。

は、気祁《ケケ》を用ひたる中に、別《ワケ》のケには、気《ケ》をのみ書て、祁《ケ》を書ず、辞《コトバ》のケリのケには、祁《ケ》をのみ書て、気《ケ》をかゝず、ギには、藝《ギ》を普く用ひたるに、過禱《スギネギ》のギには、疑《ギ》字《ノ》をのみ書て、藝《ギ》を書ず、ソには、曾蘇《ソソ》を用ひたる中に、虚空《ソラ》のソには、蘇《ソ》をのみ書て、曾をかゝず、ヨには、余與用《ヨヨヨ》を用ひたる中に、自《ヨリ》の意のヨには、用《ヨ》をのみ書て、余與《ヨヨ》をかゝず、ヌには、奴怒《ヌヌ》を普く用ひたる中に、野《ヌ》角忍《ツヌシヌブ》篠楽《シヌタヌシ》など、後世《ノ》はノといふヌには、怒《ヌ》をのみ書て、奴《ヌ》をかゝず。右は記中に同《ジ》言の數處《アマタトコロ》に出たるを験《ココロミ》て、此《レ》彼《レ》擧《アゲ》たるのみなり。此《ノ》類の定まり、なほ餘《ホカ》にも多《オホ》かり。此《ツ》は此《ノ》記のみならず、書紀萬葉などの仮字にも、此《ノ》定まりほの〲見えたれど、其《ソ》はいまだ偏《アマネ》くもえ験《ココロミ》ず、なほこまかに考ふべきことなり。然れども、此記の正しく精《クハ》しきには及ばざるものぞ。抑此《ノ》事は、人のいまだ得見《エミ》顕《アラハ》さぬことなるを、己《オノレ》始《メ》て見得《ミエ》たるに、凡て古語を解《ト》く助《タスケ》となること、いと多きぞかし。

（『古事記伝』序）

(5)　明和元年（一七六四）―文政六年（一八二三）　現在の浜松市の人。宣長の門人。他に『古言清濁考』がある。

(6)　寛政十年（一七九八）以前成立。この本については、橋本進吉「国語仮名遣研究史上の一発見―石塚竜麿の仮名遣奥山路について―」（『著作集』第三冊『文字及び仮名遣の研究』所収）に詳しい。

(7)　稲掛大平のものした同書の序文にも、

かれ、古ごと学びにこゝろざし深からむ人は、此山路のおくまでかよひ見て、八十隈百隈つばらにしりてぞ、いゆきたらはすべかりける。かくいふは、いろは仮字をもて事しるさむには、かの里ちかき野路岡路にてたりてしあれど、ことありて、真仮字もて物かゝむとするには、大方のかなづかひをのみたゞしては、猶いにしへにちがへることなも多かるべく、又古言の意を解あかさむにも此山路ふみしらでは、あらぬさまにときひがむることはた多かるべきによりてなり。

と言っているのをみても、やはり「かなづかい」と考えていたことがわかる。事実、当時の国学者には、万葉がなを用いて文章を書くという流行もあったのである。

なお、石塚龍麿よりややおくれて、加賀藩の家老、奥村栄実《てるざね》は『古言衣延弁』で、万葉がなでは、ア行の衣とヤ行の江とが、別音として使い分けられていることを論証した。この事実は、すでに石塚龍麿の『仮名遣奥山路』の中にも包含せられているから、プライオリティは石塚龍麿に譲らねばならないであろうが、まったく別個の研究として完成したものであった。しかしこの研究も長らく写本のままで伝わり、広くは知られなかったが、明治二十五年（一八九二）高橋富兄増補刊行本があり、また、明治四十年（一八〇七）になって、大矢透が補訂し、『古言衣延弁証補』として公にし、さらに橋本進吉の諸論文によって周知のものとなった。

12　仮名遣研究より音韻研究へ

草鹿砥宣隆の『古言別音抄』　石塚龍麿の『仮名遣奥山路』では、そこに明かにされた上代用字法の意味については、「しか定まれるはいかなるゆゑともしれねども」といっているが、これを明らかに音韻的事実であると断言したのは、まさにその書名の示すごとく、(1)草鹿砥宣隆《くさかどのぶたか》の(2)『古言別音抄』であった。その開題に、

此書は、寛政の頃遠江国敷智郡細田村石塚安右衛門竜麻呂と云ふ人の著《アラ》はせる仮字つかひ奥之山路と云ふ書を童蒙の為に見安く抄出《ヌキイダ》し記《シル》せるなり。其書の《ノ》始に云へるやう、今には《ハ》音同《コエオナ》じきも、古言《イニシヘコトバ》には音《コエ》の異《カハ》る所有りて、古書《ヘ》には用《ツカ》ひし仮字に差別《ケヂメ》有りて甚厳然《イトオゴソカ》になむ有りけるを、奈良の朝廷の末など自りか此差別《ケヂメ》乱《ミダ》れつると見えて、古事記日本紀万葉集の外には証《アカシ》と為《ナス》べき書甚少《スクナシ》し。さて此古音《ノコエ》の仮字の差別を知るは古《フル》言解《コトト》く裨益《タスケ》と為《ナ》る事少《スク》なからず。此は世々の識者《モノシリビト》の曾《カツ》て心著《ツ》かざりし事なるを、吾師君の《ノ》始めて見得《ミエ》賜ひ

(1)　文政元年（一八一八）―明治二年（一八六九）　三河（現愛知県）の人。

(2)　嘉永二年（一八四八）七月の開題と同年十二月の八木美穂《よしほ》の序文がある。八木美穂の序文には、

伊韋延恵於袁の類の音古昔は各別なりしを、今は混りて一つのやうなれど、物書くには凡て混ふまじき事として歌などよむ人はよく心得たるを、延と愛、伎と紀の類もまた上古には音別なりけりと知られて、古書には皆厳に仮字を分て用ひたり。其は凡て知れる人なかりしを、松坂の先生の始めて見得たるより、石塚龍麿奥の山路をひらきて明かにぞなしたりける。さて又いま参河人草鹿砥宣隆此書をつくりて初学の便とせり。そも〳〵むかしより人の知れる伊と為の類は漢土の韻書に開合などいへる事あるに依てつかひわけて中国の言に当たる物なるを、今此書に集たる延と愛のたぐひは彼開合また四声などに依るにあらず。いにしへより毎字につきたる中国の

て、古事記伝に且々《カツ〴〵》論《アゲツ》らひ置かれたる其説《ノコト》に因《ヨ》りて、

己《レ》此《ノ》書を著はして其《ノ》定格《サダマリ》を委しく弁分《ワキ》たり。

とある。これによると、石塚龍麿は上代かなの使い分けを、音の差別と考えていたことになる。したがって、前掲の古典全集に収められた『仮名遣奥山路』よりは一段進歩した考えを述べたものであろうとおもわれる。これを受けて草鹿砥宣隆は、

アイウオカクサシスセタチツテナニネノハフホマムモヤユラリルレワヰヱヲの三十四音またその濁音十三音は何《イツレ》の詞に何《レ》の仮字を用《ツカ》ひても同じ事なり。エキケコソトヌヒヘミメヨロの十三音、またその濁音七音は、音毎《コエゴト》に仮字二様《フタクサ》に分《ワカ》れて互に混《マギ》るゝ事无《ナ》し。然《サ》れど其《ノ》三十四音の中にも斯志母毛を古事記には二様《フタクサ》に分《ワ》けて用《ツカ》ひたれど、日本紀万葉集にはその差別《ケジメ》无《ナ》きに因《ヨリ》て今は挙《アゲ》ず。然《サ》は云ど万葉集も古事記と同じく用分《ツカヒワ》けたるをば一ツ一ツ挙《アゲ》たるも有り、委しく知らむと思はば本書を見るべし。

とあるのは、問題点を明確にしたものである。

字音の差別を古言の音の差別に配たるものなれば、古書を類聚して知るより外には為べきやうなきわざなり。

とあって、明確に上代用字法が音韻に基いていることを述べている。またそのいわゆる二類の区別が、開合や四声ではなく、古来の漢字音の差別によるものであることを言っているのは、当時としてはまさしく正鵠を射た見解といってよい。

Ⅴ　国語音韻の研究

13　国語音韻の研究

韻学より　日本人が日本語の発音について反省を加える契機は、まず異言語に接してその差異に気付いたことにあろう。大体日本語の成立(1)そのものが未詳なのであるが、一応日本語ができ上がっていたと思われる歴史時代に入ってからでも、多くの異言語(2)に接触している。しかしそれだけからでは学問的な萌芽は出てこなかった。九世紀の半ば円仁(3)は長安にあって南天竺の宝月から梵語の発音を習い、これを日本語の音と比較して、日本語の音を「本郷音」として書き留めている(4)。しかしこれも日本語の音について研究したものではなかった。

又、平安時代の末、康和三年（一一〇一）頃、明覚(5)が自説をまとめた『悉曇要決』(6)の中に、

日本ニモカキテヲカイテトイヒ、サシテヲサイテトイ

（1）日本語の成立については諸説があるが、その文法構造からすれば北方アルタイ語の系統らしく、音韻構造からすれば南方系らしい。よって、南方系の人種の上に北方系の人種が重なって日本人ができ、言語もそれに伴って成立したと考えられる。そうなれば日本語は初めから異言語の接触によってできたものとなる。

（2）古代の日本は朝鮮半島と深くかかわっており、伽《か》耶《や》・新羅《しらぎ》・百済《くだら》・高句麗《こうくり》と外交・軍事で交渉があったし、北方の蝦夷《えみし》・粛慎《みしはせ》とも交渉があった。

（3）入唐八家の一。延暦十二年（七九三）－貞観六年（八六四）。『入唐求法巡礼行記』の著がある。第三代天台座主。

（4）『在唐記』（『大日本仏教全書悉曇具書』・『悉曇学書選集』第一巻）馬渕和夫『悉曇章の研究』

（5）本書25ページ参照

（6）馬渕和夫『悉曇学書選集』第二巻所収

ヒ、野人ノミノヲニノトイヒ、ニラヲミラトイヒ、ミソヲニソトイヒ、持仏堂ヲシフツタムトイヒ、ルリヲユリトイヒ、ナマイネヲナマシネトイフ、此等同韻故通用歟。

と書いたのは、天竺・唐朝で韻音が多く通用するという論の例証としようとしたのである。しかし明覚の時代にはすでにインドの原音はほとんど忘れられており、漢字の音も日本に伝来して年久しく経て、和化してしまった呉音・漢音を基にして考えているので、明覚の理論は実は日本語についての理論であることが多い。次のごときものである。

(7)1、六声・八声。日本漢字音のアクセント論
2、連声
3、音便・ハ行転呼
4、半音　日本語音節より子音を抽出する。
5、相通
6、方言・位相
7、漢音・呉音・和音・対馬音

同時代の高野山東禅院の心蓮の音韻論(8)は悉曇についての

(7)　以下の諸項については、馬渕和夫『日本韻学史の研究』第一篇第四章に詳しい。

(8)　心蓮の説は、『悉曇口伝』にまとめてあるが、簡略であるため難解で、その弟子寛海が付加した『悉曇相伝』(以上二書は馬渕和夫『悉曇学書選集』第二巻所収)、および、醍醐寺地蔵院深賢の『心雲雑秘記』に敷衍されている(馬渕和夫「『心雲雑秘記』を読む」〈『醍醐寺文化財研究所研究紀要』14号〉)。

ものとしているが、実は日本語の音韻についての観察であって、各音の発音のし方、音韻の組み立てなどに理論を考えており、これが東禅院流として中世を通して江戸時代に至るまで、国語音韻論の主流をなし、契沖・真渕・宣長にまで流れている。しかし当時の人々は未だ音韻というものを仮名から切り離すことができず、契沖でさえも(9)「中葉より以来、学識倶《とも》に降りて意を致さず」と言っていて、仮名を正しく使うのは学識の問題だと考えていたようである。

仮名遣より　音韻を仮名遣より切り離して仮名の違いは音の違いと考えるようになったのは賀茂真淵の(10)『語意考』からかと考えられる。ついで、本居宣長(11)『地名字音転用例』、東条義門(12)『於乎軽重義《おをきやうちようぎ》』・(13)『男信《なましな》』、関政方《まさみち》(14)『傭字例《ようじれい》』などが出たが、いずれも漢字音の発音の問題から国語音韻にふれたものである。仮名の用法から音韻に発展するようになったのは、宣長・龍麿・宣隆と続く上代仮名の用法の研究からであることは前章(15)で見た通りである。

純粋に国語の音韻についての研究は、西洋語学の知識を国語に応用した上田万年(16)「P音考」に始まるごとく、音韻

(9)　『和字正濫鈔』序文。本書40ページ参照

(10)　明和六年（一七六九）著。五十音図を元として各行各段について音韻論的な言及があるが、形而上的に流れている。しかし、

○阿と於は言の下にいふ事なし。

○良利留礼呂は言の上にいふ事なし。

○言の肇を濁る事なし。

などは確説というべく、真淵の先見性を示すものである。本書42ページ参照

(11)　寛政十二年（一八〇〇）刊。日本の地名に漢字を宛てたその宛て方を研究したもので、漢字音の使い方の多様性を多数の例より実証した。これによって古代地名の発音を明かにした。

(12)　文政十年（一八二七）成。宣長の「おを所属弁」を補訂したもの。

(13)　天保六年（一八三五）成。「男ナム」「信シン」を対照させ、ム韻尾とン韻尾の相異を論じたもの。

(14)　天保五年（一八三四）成。漢字音から出たと思われる国語について論じたもの。

(15)　本書44ページより48ページ。

(16)　『国語のため』（明治二十八年〈一八九五〉所収。なおこれより先に、ヘボン・チャンブレン・バチュラーら外人の研究があった。本書163ページ参照。

を文字から切り離さなくてはならなかった。その線上で画期的な成果を表したのは橋本進吉であり、上代の仮名用法から発見された上代語の音韻組織、[17]キリシタン文献のローマ字の整理から中世末期の音韻組織を解明し、[18]さらに資料を補って日本語の音韻の歴史を描くことに成功した。[19]

一方、明治三十五年（一九〇二）文部省内に設置された国語調査委員会の補助委員に任ぜられた大矢透[20]は仮名の研[21]究から仮名の字源である古代漢字の音の研究に進み、[22]有益な研究をまとめたが、仮名を集めた五十音図や詞歌についても考察を進め、『音図及手習詞歌考』[23]を著した。その中で、「阿女都千詞」[24]が「伊呂波歌」より一音多いことから、中古においてはア行のエとヤ行のエとが別音であったこと、またその混同の時期についても考証し、国語音韻史に新しい見解を示した。[25]これはすでに江戸時代に奥村栄実によって気付かれており、石塚龍麿の研究に包括せられるものではあるが、[26]音韻史研究に人々の注意を向けさせた。

橋本進吉の研究を受け継ぎ、さらに西欧の音韻学説も吸収して新境地を開いたのは有坂秀世[27]であった。その学説は

(17)　「古代国語の音韻に就いて」（昭和十七年〈一九四三〉）『橋本進吉博士著作集』第四冊（昭和二十五年〈一九五〇〉）所収。

(18)　『文禄元年天草版吉利支丹教義の研究』（昭和三年〈一九二八〉）。のち『キリシタン教義の研究』として『著作集』第十一冊（昭和三十六年〈一九六一〉）に収める。

(19)　『国語音韻の研究』（『著作集』第四冊）、『国語音韻史』（『著作集』第六冊、昭和四十一年〈一九六六〉）

(20)　嘉永三年（一八五〇）―昭和三年（一九二八）

(21)　『仮名遣及仮名字体沿革史料』（明治四十三年〈一九一〇〉）刊。これが後の訓点語・訓点資料の研究を導く。

(22)　『仮名源流考及証本写真』（明治四十四年〈一九一一〉）刊

『周代古音考及韻徴』（大正三年〈一九一四〉）刊

(23)　大正七年（一九一八）刊

(24)　のち、別冊として『古言衣延弁証補』（『音声の研究』5、昭和七年〈一九三二〉）がある。

(25)　本書45ページ下注参照

(26)　橋本進吉「古代国語の『え』の仮名に就いて」（『著作集』第三冊）

(27)　明治四十一年（一九〇八）―昭和二十七年（一九五二）。その業績は『音韻論』（昭和十五年〈一九四〇〉、『国語音韻史の研究』（昭和十九年〈一九四四〉）、『上代音韻攷』（昭和三十年〈一九五五〉）など。

池上禎造の発見[28]と呼応して、古代日本語の解明に貢献した。

(28)　「古事記に於ける仮名『毛母』について」(『国語国文』昭和七年〈一九三二〉十月)

Ⅵ　文法研究

14　歌学より文法研究へ

歌学における語学的方法　和歌をよむことは日本人の長い間の慣習であるが、みずからの持っている言語体系でそのままに表現できるうちはそこから言語要素に対する反省も起きないが、和歌に伝統が生じて、そこに用いるべき語がもはや口頭語に用いられないばあいには、用語についての疑問と反省とが起きる。それは歌語であるという限定を受けることになる。そして歌語とはどうしても伝統的な性格を持つから、古語と重なることが多い。したがって古語の文法についての関心が生じ、古典文法の発生する素地が生じる。その時代としては、平安時代末から鎌倉時代初期があたるようである。その時代はまた歌学の興隆と作歌上の新風の発生があり、その契機の一つが『万葉集』であったが、そのことは、ますます古語への回想と、古典研究の機運をうながした。このことはすでに仙覚の古典校勘、定家の仮名遣説でも見たが、その凝集として歌道における家学の発生をみるに至った。これはむしろ定家の盛名を継承することによって自家の権威と考える定家の子孫によって形成されていった。そうした権威主義はやがて定家仮托の偽書を生み出すようになる。文法研究の萌芽となった『手《て》爾《に》葉《は》大《たい》概《がい》抄《せう》』もそうした偽書類の一つであった。

『手爾葉大概抄』(1)　『手爾葉大概抄』は本文六百五十字くらいから成る一紙の伝書であるが、その終りに、

為家―為世―頓阿―尭尋（大僧都）―尭孝（常光院）―常縁（東下野守）―宗祇（種玉庵）―肖柏

という伝来をしるしており、この伝来が古今伝授と一致していることからして、二条家家学の一伝書であったことがわかる。その国語学史上の大事な点をあげておく。(2)

1　手爾葉と詞との文構成上の役割りを明らかにしている。

2　文の終末の種々な形を重視している。

3　係り結びに注意している。

（1）　この書は非常に簡略なもので、その意味を理解し難い点が多いが、宗祇の『手爾葉大概抄之抄』（『国語学大系』第十四巻所収）によって、実例もあわせてその大体を知ることができる。
なお以下の事項については根来司『てにをは研究史』（昭和五十五年〈一九八〇〉）に詳しい。

（2）　時枝誠記『国語学史』（昭和十五年〈一九四〇〉）・『国語学原論』（昭和十六年〈一九四一〉）参照

手爾葉大概抄	姉小路式	春樹顕秘抄	春樹顕秘増抄
座句手爾波	*一　はねてには	*一　はねてにをはの事	*一　はねてにはの事
云切詞	*二　そ	*二　そ	二　へみへくへらといふ事
つつ留	*三　こそ	*三　こそ	三　ともしの事
みる留	*四　や	*四　や	四　とはと留る事
こそ	*五　か	*五　か	五　ぬもしの事
や	*六　かは	*六　かは	六　をもしの事
そ	*七　しを	*七　しを	七　かもしの事
か	八　かな入魂詞	*八　かなを略する事	*八　哉とめの事
はね字	九　かなをやすむる事	*九　かなをやすむる事	九　よもしの事
ものを		*十　おなじ手爾波	十　より留の事
ものかは	十　おなじ手爾波	十一　同字あること	*十一　たにといふ事
かは	*十一　かな	*十二　哉と云手爾葉の事	十二　たたといふ事
やは	十二　ころとまり	*十三　ころとまりの事	十三　れと留の事
めや	*十三　にて	*十四　にてと云手爾葉の事	*十四　そもしの事
飄之詞	して	*十五　見ゆと云手爾葉の事	*十五　つつとめの事
も	見ゆ	十六　休字の事	十六　なもしの事
かも		*十七　つつの事	十七　なんといふ事
かな		十八　たすけ字の事	十八　のとまりの事
にて		*十九　入魂手爾葉の事	*十九　やもしの事
かし		二十　かかへなくしてよむましき詞	二十　やはといふ事
			二十一　まくといふ事
		二十一　てにをははしなくある事	二十二　まにといふ事
			二十三　ませといふ事
			二十四　けきといふ事
			二十五　けりとめの事
			*二十六　こそのてにはの事
			*二十七　比とまりの事
			二十八　てとまりの事
			二十九　てきといふ事
			三十　にきといふ事
			三十一　てしといふ事

	三十二	なてといふ事			
	三十三	めるめりといふ事			
*	三十四	みゆとめの事			
	三十五	しもしの事			
	三十六	もの字の事			
	三十七	すらんと留る事			
	三十八	かよふ文字の事			
*	三十九	休字の事			
*	四十	かなをあまして休る事			
*	四十一	かなを略する事			
	四十二	てにはをそへて聞事			
*	四十三	おなしてにはある事			
	四十四	詞をいひのこして上へかへりてことはる事			
	四十五	詞をたすくるてにはの事			
	四十六	詞をたして心得る事			
	四十七	心得へきてにはの事			
	四十八	いひかけてには清濁の事			
*	四十九	かかへなくしてよむましき詞			

*は先行文献と関係ある項目

4　助詞「つつ」「や」「か」「ん」(はねてには)「も」「かも」「かし」および「ものを」「ものかは」「かは」「やは」「めや」「にて」などについて意義を詳しく説明している。

『姉小路式』より『春樹顕秘増抄』まで　『手爾葉大概抄』が伝書の形で伝わっていくうち、その影響を明かに受けたとおもわれる『姉小路式《あねがこうぢしき》』というものが、姉小路元綱の手によって編纂されたとされ、その名のもとに権威づけられて伝えられ、広く行われた。ただし、『姉小路式』という名を付けた本があるわけではなく、名称は種々あるけれども内容的にほぼ同一のものを伝えている一群[3]の書を指すのである。

『姉小路式』に『手爾葉大概抄』や『悦目抄《えつもくせう》』より増補改訂したものに『春樹顕秘抄《しゆんじゆけんびせう》』というものがあり、細川[4]幽斎の伝という。

また、『春樹顕秘抄』を大きく増補したものに、『春樹顕秘増抄《ぞうせう》』[5]があり有賀長伯《ありがちやうはく》の著である。

以上の項目をまとめると56ページの表のごとくになる。

「てにをは」研究書より文法研究へ

「てにをは」の研究が和歌作法のために起きたことはいうまでもないが、その庶幾する和歌の体、もしくは用語は、古今集以来の伝統的なものであり、おそらくこれらの伝書の作成された室町時代においては日常語の用語とはかなりのへだたりが生じていたものであろうし、また、いわゆる係り結びの法則

（3）これらの異本については『国語学大系』第十四巻の解題に詳しく、また、その伝流については、根来司「姉小路式の相伝について」（『国語と国文学』昭和二十八年五月号）『てにをは研究史』に精密である。寛文十三年（一六七三）刊の『歌道秘蔵録』、宝暦三年（一七五三）刊の『てには秘伝抄』はその一異本である。

（4）天文三年（一五三四）－慶長十五年（一六一〇）

（5）寛文元年（一六六一）－元文二年（一七三七）

も、特に指摘されなくてはならない程度に乱れてきていたものであろう。とすれば、これら伝書において研究されていたものは、中古語の文法にほかならない。そしてこれらの自然発生的な文法研究の主眼となったのは、係り結び(6)と、文の統括ということであった。

係り結びの認識　そもそも係り結びのはたらきが存在していたか、また消滅していたかは、中古語と近世語とを区別するもっとも特徴的な事象の一つであるが、中世になって、これに注意し出したことは、それが口頭の言語においてはたらかなくなってきたことの証左であろうかと思われる。まず、『手爾葉大概抄』に、

古《コ》曾《ソ》者兄《エ》計《ケ》世《セ》手《テ》之通音、志《シ》々《シ》加《カ》之手爾葉、尤《トカメ》之詞《ノ》受《テ》レ下《ニ》留レ之。雖レ不レ受持《タモツ》レ心《ニ》則《ハ》留《ル》也。

とあり、これについて『抄之抄』では、

えけせてねの通音とは、人もこそきけ　香をこそうつせ　霞こそたて　えこそいはね　人をこそ思へ　風こそふかめ　身こそつらけれ　如此く一言ならず詞を隔つるも同事なり。(7)

(6)　大野晋『係り結びの研究』（一九九三年）
阪倉篤義『日本語表現の流れ』第五章「「係り結び」の成立と変遷」（『岩波セミナーブックス　45』〈一九九三年〉）

(7)　この文に続いて左の文がある。

一、し　しか　のてにはとは、こそうれし　こそありしこそ思ひ初しか　我こそ下に思ひしか。
一、とがめのことばとは、いかで　などか　いつ　の類なり。

新　拾　しばしこそ卯花かきの時鳥いつかたもとはさみだれの空
同　いかにして涙つゝまん影やどす月こそ袖の色にいづとも

此一首はいかにといふとがめの詞上に置てこその字下にあり。まはすてにはなり。かげやどす月こそ袖の色に出共いかにして涙つゝまんなり。こその字とまれり。

この例では「こそ」の結びを「うれし」という終止形にしたり、「ありし」という連体形にしたり、「いつか」「いかに」という副詞があれば結びはなくてもよいとしたり、まだ係り結びの法則を十分に捉えたものとはいえない。

とあるのによって、「こそ」とその結びの現象をかなり正確に捉えたものであるといえる。同様に、「ぞ」の係り結びについても、

曾《ソ》者宇《ウ》具《ク》須《ス》津《ツ》奴《ヌ》之通音、祢《ネ》于《ニ》畿《キ》志《シ》遠《ヲ》波《ハ》志《シ》加《カ》羅《ラ》無《ム》、以此字拘[8]之。

とあり、『抄之抄』では、

その字うくすつぬの通音にて留るとは、風ぞこととふ　花ぞさく　玉ぞなす　霞ぞたつ　身をぞ頼む　舟ぞ見ゆ　人ぞこぬ　雨ぞふる　月をぞ見しに　月をぞみしか　と拘へたるものなり。

『春樹顕秘増抄』では、最初に出した凡例において、次のごとくのべている。

かゝへのかな、をさへのかな、といふことあり、かゝへは上にあり、をさへは下にあり。たとへば、らんとをさへむとては、上に　や　か　いく　いかになとうたがひの文字にてかゝゆるをいふ。又上にこそとかゝゆれば、下に　れ　め　ね　とをさへ、ぞとかゝゆればるとをさゆるたぐひなり。是はてにはごとにある名

(8)　現在の用語では「結び」といっているのを「かかゆ」といっており、これが後世の「係り」となったものらしい。

也。

みぎの文の「かかへ」を「かかり」とし、「をさへ」を「むすび」とすれば、係結びの法則のことをいっていることがはっきりする。すなわち、

や・か・うたがひの文字…………らん
こそ…………れ　め　ね
ぞ…………る

ということに気づいていたことになる。ただしまだ活用という事実をはっきりつかんでいないので、現象的な面のみに限定されているのは止むをえない。また、「ぞ」の結び、「こそ」の結びについては、第十四および第二十六に多数の例をあげて証例としている。

かくして、「ぞ」「こそ」に係詞性のあることは発見されたが、「や」「か」「なん」の係詞性はどのようにして発見されたであろうか。「か」については(9)『氏邇乎波《てにをは》義慣鈔《ぎくわんせう》』に、

加と上におきて下五音第三の音にてとまる有。又きともとまる。曾のてにをはの如し。是を片うたがひとも

(9)　雀部信頼《ささきべののぶつら》著。宝暦十年（一七六〇）成る。『古今集』の「てにをは」の用例を集めて帰納的に説明しようとしたもの。『国語学大系』第十四巻所収。

いふにや。

とあり、また、「や」については、

也はうたがひ氐邇尾波にて、多くらんけんなどのはねてにをはの上におくかゝへなり。その所にてみるべし。その外さま〳〵あり。かた疑の也は中におきて下は五音第三の音又はしきなどにてとまる也。

雑下　みつね

水のおもにおふるさ月のうき草のうき事あれやねをたえてこぬ

とあるのによって、大体その頃と考えてよさそうである。

ただし、同書には、「は」についても、

ぞにかふ波あり。五音第三のおんにてとまる。

とあり、「は」と「ぞ」との結びにはたらく力の相違に気づかなかった点には未熟なものがあるが、用例から推して、「や」「か」の係詞性に気づいていたことは言うまでもない。

「なん」はもともと和歌には用いられない語であるから、かなり長い間問題として取り上げられなかった。

文の統括　和歌は三十一音の短詩形において文を完結させる。そのため、文の結びと、それへのかかりということは、早くから非常に重視された。やや誇張した言い方をするならば、『手爾葉大概抄』は全文これ文の終止を論じたものといってもさしつかえない程である。しかし文の終止ということは、単にどういう形で文が終止するかということではない。むしろ、どのような統辞の作用がはたらいているか、ということが重大なのである。このこともまたすでに『手爾葉大概抄』において表れている。それを「押へ」といっている。(10)「押へ」とは、「云切」と対応する用語である。すなわち、一首の中で、文の終止を「云切」というのに対して、文脈中の切れ目をさすということができる。この「切れ目」は、文の終止と種々の意味で呼応するものであるから、ある場合には主述の関係で、またある場合には修飾関係である。しかし、日本語の文において、文脈の大きな流れに着目していたことは、高く評価してよいところである。

ただし、『姉小路式』『春樹顕秘抄』『春樹顕秘増抄』な

(10)　「押へ」の他の用例を挙げておく。

『手爾葉大概抄』中に次のような文がある。

見《ミ》由《ユ》留者宇《ウ》具《ク》須《ス》津《ツ》奴《ヌ》伊《イ》記《キ》志《シ》知《チ》似以㆓此通音㆒押《ヘテ》留《ル》也。

これに対して『抄之抄』では次のように説明する。

拾遺　　空の海に雲の波たつ月の船星の林に漕かへる見ゆ

続古今　船出する沖津汐さひ白砂の香椎のわたり波高くみゆ

中の七文字のすそに此通音ををく事も有二三字隔てしもあり。

堀川次百　くもつよりすゝめくりするこし船のおき漕さかるほのぐ〳〵と見ゆ

風雅　　あり通ふ難波の宮は海ちかみあま乙女らがのれる船見ゆ

いきしちにの通音

白川百首（二字百首bc）　夕日さすをのゝしの原ふく風にたび行人の袖かへり見ゆ

玉　葉　くるゝまに鱸つるらし夕汐のひがたの浦に蜑の袖見ゆ

新古今　天離ひなのながぢを漕くれば赤石のとより大和嶋見ゆ

また、

爾《ニ》手《テ》者宇《ウ》久《ク》寸《ス》津《ツ》奴《ヌノ》通音、遠《ヲ》波《ハ》毛《モ》加《カ》羅《ラ》以㆓此《ノ》五字《ヲ》㆒不《レハ》㆑押《ヘ》不㆑留也。

どでは、「おさへ」というのを、現在いうところの「結び」の意に用いている。『姉小路式』では次のごとくにいう。

　ぞと云事　此ぞの字にあまたとまりあり。五音第三の音にておさへたり。第三の音とは　う　く　す　つ　ぬ　ふ　む　ゆ　る　也。口伝也。

我ぞとふ　花ぞさく　波ぞたつ　泪ぞ袖にたまはなす　きぬたをぞうつ　問ぞ来ぬ　物をぞおもふ　人をぞたのむ

如此五句にわたりて　のへよ　つゝめよ　このほかに　き　し　を　は　ね　しに　しが

如此とまる事有

とあり、『抄之抄』では、

先、歌を以て見るべし。こと〴〵く記すに及ばす。

　新古　わくらはにとはれし人もむかしにてそれより庭のあとはたえにき

　拾愚　秋津嶋外まて浪はしづかにてむかしにかへる大和ことのは

とある。「にて」とある場合はその上を、「も」「は」でおさえるというのである。これも、「も」「は」の係詞性が「にて」においてまとめられていることより考えれば、この場合の「おさへ」とは、文の叙述に及ぼす力を考えているようである。

15　富士谷成章の文法研究

富士谷《ふじたに》成章《なりあきら》(1)は、四十二歳の若さで世を去ったため、国語学に関するまとまった著書は『かざし抄』と『あゆひ抄』(2)があるだけだが、その独創的文法研究は高く評価されている。

語の分類　成章の文法論の最大の特徴は、語をその性格・機能によって「名《な》」(3)「装《よそひ》」「挿頭《かざし》」「脚結《あゆひ》」の四種に体系的に分類したことである。現在の品詞と対応させると、「名」は名詞、「装」は動詞・形容詞・形容動詞、「挿頭」は代名詞・副詞・接続詞・感動詞・接頭語、「脚結」は助詞・助動詞・接尾語ということになる。『あゆひ抄』の巻頭概説の「おほむね」では、次のように簡明に説く。

師曰《いは》(4)く、名をもて物をことわり、装をもて事を定め、挿頭脚結をもてことばを助く。

「名」は事物の意味を明らかにするものであり、「装」は現象を秩序だててとらえるものであり、「挿頭」「脚結」は「名」「装」に付け加えることによって言語表現の成立

(1)　元文三年（一七三八）―安永八年（一七七九）京都の人。医師皆川春洞の次男で、十九歳で富士谷家を継いだ。兄は著名な漢学者皆川淇園《きえん》である。幼時から漢学を学んだが、後国学に転じた。

(2)　『かざし抄』は明和四年（一七六七）刊、『あゆひ抄』は安永四年（一七七八）刊。ほかに各種の稿本、和歌、歌論などが残されている。

竹岡正夫『富士谷成章全集』昭和三十六年（一九六一）・『富士谷成章の学説についての研究』昭和四十六年（一九七一）。

(3)　この名称は人間が着衣している姿にたとえられている。

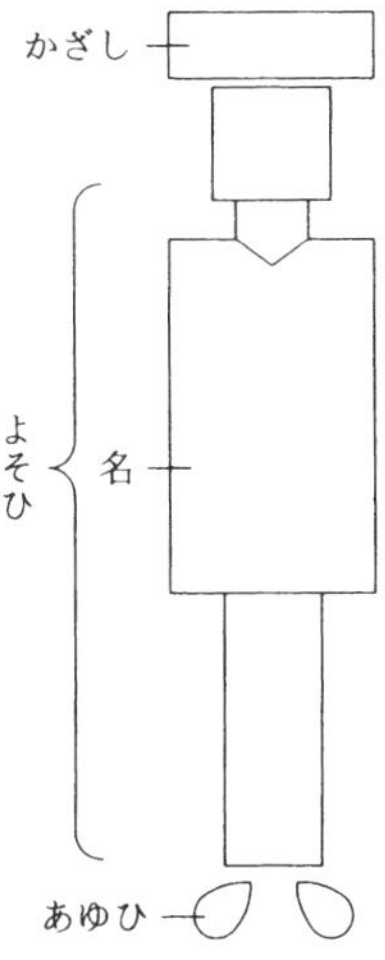

(4)　『あゆひ抄』『かざし抄』は、いずれもこのように弟子が師の教えを記す形式をとっているが、成章が自ら著したものと考えられる。

に必要な要素を補う役目をする、ということである。

『かざし抄』では、実際に品詞分解の例を示している。

いつ《挿》　とても《脚》　月《名》　見《装》　ぬ《脚》　秋《名》　は《脚》　なき《装》　ものを《脚》

わきて《挿》　こ《挿》　よひ《名》　の《脚》　めづらしき《装》　哉《脚》(5)

このような分類がどのようにして生れたかについては、従来の歌論・連歌論における研究および漢語学（中国語学）の影響が考えられる。連歌論書では、語を「物の名」「詞」「てにをは」に分けて論じている。(6) 漢語学では、通常語を「実字」「虚字」「助字」の三つに分けるが、当時の日本の漢学者は、さらに独自の分類も行っている。(7)

言語の変遷の自覚と時代区分　成章は、その研究の対象であった歌語が歴史的に変遷していることを発見した。対象は歌語だが、これは言語が変遷するものであることを明確に自覚したものである。彼は、さらにその変遷を六期に分けて「六運《りくうん》」とした。

六運　開闢より光仁天皇の御世までをおしなべて上《かみ》つ代と言ふ。その後より花山院御世まで二百五年を(8)中《なか》代と言ふ。後白河院御世まで百七十二年を(9)中頃と言ふ。昔《むかし》と言ふ。後白河院御世まで百七十二年を中頃と言

(5)　後撰集・秋中、題「八月十五夜」。

(6)　二条良基は『連理秘抄』（貞和五年〈一三四九〉）で、次のように述べる。

てにをはは大事の物也。いかによき句も、てにをはの違《たが》ひぬれば、惣じて付かぬなり。……にの字は上の句にてはよし、下の句にては聞きよからず。ての字又上の句にてよし、下の句にてはわろし。……或は上の句にてよきもあり、下に置きてよきもあり。兼ねて定むべきにあらず。又物の名などに重ねたる、当時常に見ゆ。……物の名にも限るべからず。詞《ことば》にても鎖《くさ》る〈重ネテ用イル〉べし。……すべて詞もてにをはも、いづれよしあしとも定め難し。

助詞「に」や「て」を「てにをは」としているが、連歌論一般では「てにをは」は表現の仕方などもっと広い意味を持つ。「物の名」と対立している点から、この「詞」は用言類を指すと考えられる。「すべて詞もてにをはも」という部分は、「物の名」「（用言の意の）詞」をまとめて「詞」として「てにをは」と対立させている。連歌論におけるこれらの語は、成章のような明確な語学的分類によるものではない。

(7)　伊藤東涯（寛文十年〈一六七〇〉―元文元年〈一七三六〉）は、『操觚字訣《さうこじけつ》』（宝暦十三年〈一七六〇〉）で次のように漢語を四つに分類している。

凡文字、而於乎哉ノ類ヲ助字トイフ。文章ノテニハナリ。嗚呼如何稍亦ノ類ヲ語辞トイフ。文章ノコト

ふ。四条院御世まで八十四年を近昔《ちかむかし》[10]と言ふ。後花園院の御世まで二百二十二年ををとつ世[11]と言ふ。其後を今[12]の世とす。（『あゆひ抄』「おほむね」）

「上つ代」は記紀歌謡・『万葉集』の時代であり、それ以後各期の勅撰集を挙げると、「中昔」は『古今集』から『詞花集』まで、「中頃」は『後拾遺集』から『詞花集』まで、「近昔」は『千載集』から『新勅撰集』まで、「をとつ世」は『続《しょく》後撰集』から最後の勅撰集『新続古今集』までである。「今の世」には勅撰集はない。

成章にはほかに六運について記した『六運略図』があり、また子の富士谷御杖《みつえ》（次節参照）は『六運弁』で成章の論を詳しく説明している。また、この成章の識見に関しては、本居宣長[13]も賞讃している。

活用の研究　成章は、用言・助動詞の活用に関して史上初めて明快な研究成果を挙げた。『あゆひ抄』の「おほむね」に次のように述べる。

凡《おほよそ》装には二旨《むね》[14]あり。事《こと》[15]と状《さま》と也。細かに言へば、事に二旨あり。事[16]と孔《ありな》と也。状に四旨あり。芝状《しざま》[17]、鋪《しき》

バ字也。命ズル見ル行クノ類、ハタラキニナル字ヲ虚字ト云。天地日月命令ノ類ヲ実字ト云。ソノカタチアルモノナリ。

「助字」をさらに主として文末に用いられる「助字」と文頭・文中に用いられる「語辞」とに分けている。「助字」を「脚結」に、「語辞」を「挿頭」に対応させることが出来る。

成章の兄皆川淇園（享保十九年〈一七三四〉―文化四年〈一八〇七〉）は、『実字解』『虚字解』『助字詳解』などの著書があり、「実字」「虚字」「助字」の三分類に従っているが、日本語の表現との比較を行っている点が注目される。古田東朔・築島裕『国語学史』（昭和四十七年〈一九七二〉）参照。

（8）垣武天皇即位の天応元年（七八一）――寛和二年（九八六）

（9）一条天皇即位の寛和二年――保元三年（一一五八）

（10）二条天皇即位の保元三年――仁治三年（一二四二）

（11）後嵯峨天皇即位の仁治三年――寛正五年（一四六四）

（12）後土御門天皇即位の寛正五年――『あゆひ抄』成立の安永二年（一七七三）

（13）宣長は、『玉勝間』で次のように述べている。

近き頃京に、藤谷の専右衛門成章といふ人有りける。それがつくれる、かざし抄あゆひ抄六運図略などいふ書《ふみ》どもを見て驚かれぬ。……六運の弁にいへ

状《ざま》、在《あり》状《さま》、返し状《ざま》也。……旨ごとに本《もと》(18)、末《すゑ》、引《ひき》、靡《なびき》、往《きしかた》、目《めのまへ》、来《あらまし》、靡伏《なびきふし》、伏目《ふしめのまへ》、立本《たちもと》のすぢ〳〵ある事は、ここに言ひつくし難し。左に出だせる図《かたがき》(19)を見て、かつ〴〵心得べし。

装																
状			事													
鋪	芝	在	孔	事												
恋	早	遥	有	越	恨	落	捨	思	打	見	得	寝	為	来	居	
こひ	はや	かはなる	あ	こ	うら	お	す	おも	う	み	う	ぬ	す	く	う	本
し	し	り	り	ゆ	む	つ	つ	ふ	つ							末
キ	き	る	る	ル	ル	ル	ル			ル	ル	ル	ル	ル		靡引
ク	く	り	り	え	み	ち	て	ひ	ち	み	え	ね	し	き	ゐ	往
		れ	れ	え	み	ち	て	へ	て	み	え	ね	せ	こ	ゐ	目
		ら	ら	やえ	み	とち	て	ほは	た	み	え	なね	せ	こ	ゐ	来
				レ	レ	レ	レ			レ	レ	レ	レ	レ		靡伏
ケ	け															伏目
カ	か															立本
有末有靡	有末有引			有末有靡				有末無靡		無末有靡					無末無靡	

る趣《おもむき》を見るに、古今集よりこなたざまの歌の様《やう》をよく見知れることは、大方近き世に並ぶ人あらじとぞおぼゆる。（八の巻）

(14)「旨」は種類の意。

(15)「事」は動詞、「状」は形容詞・形容動詞の類。

(16)「孔」はラ変動詞、「事」はそれ以外の動詞をいう。

(17)「芝状」ク活用形容詞、「鋪状」はシク活用形容詞、「在状」形容動詞、「返し状」は不詳。

(18)「本」は活用形の本体で、大体語幹で示される。「末」は終止形、「引」はラ変動詞・ク活用形容詞・形容動詞の連体形、「靡」はラ変以外の動詞・シク活用形容詞の連体形、「往」は連用形、「目」は命令形および命令形と同形の已然形（四段およびラ変動詞の已然形）、「来」は未然形、「靡状」は命令形と同形でない已然形（カ変・サ変・ナ変・一段活用・二段活用動詞の已然形）、「伏目」は形容詞の「早けれど」「恋しければ」等の「早け」「恋しけ」の形、「立本」は形容詞「早からず」「恋しかりき」等の「早か」「恋しか」の形をそれぞれ指す。

(19)「装図《よそひのかたがき》」を上に示す。

図に挙げられた動詞を見ると、カ変・サ変・ラ変・四段・上二段・下二段・上一段各活用が揃っており（ナ変・下一段を欠くのみ）、形容動詞・ク活用・シク活用形容詞が掲げられていて、古典語の活用の種類がほとんどカバーされている。活用形についても、現行の六活用形に近いものが認定されている。成章の活用研究が非常にすぐれたものであることが判る。

『かざし抄』　成章の文法理論がまだ未成熟の状態で書かれた書であり、語の分類、歴史的変遷等に関しても『あゆひ抄』とやや違いがある。[20]

「かざし」とされる語二二〇余りを五十音順に掲げ、それぞれ適切な「里言《さとごと》」をあて、意味用法を詳しく述べている。「里言」は、その古語に相当する口語のことで、成章は一つ一つの古語の「かざし」に適切な口語をあてることに心をつくしている。[21]これは『あゆひ抄』でも同様で、言語変化の自覚から古語と当代語をはっきりと対比させているのであって、成章の文法研究の重要な特徴である。

五十音順に並べてあることからも明らかなとおり、本書

（20）竹岡正夫『富士谷成章の学説についての研究』（昭和四十六年〈一九七一〉）参照

（21）「いざ」の例を挙げる。

[いざ]　里言 [さあ] と言ふ。人をさそふ詞也　又みづから心をおこして思ひたつ時は [どりや] とも言へり。

ふるさとの野べ見に行くと言ふめるを《オモムキヂヤニ》 いざ《サア》もろ《トモ》と〱
もに若菜摘みてん《テミヨウ》
鏡山いざ《ドリヤ》たちよりて見て行かん《ウ》年経ぬる《テシマフ》身は老いや
しぬる《テシマフカ》と

引用和歌の出典は、『後撰集』・春上、『古今集』・雑上である。

は語を体系的に扱ったものではない。

『あゆひ抄』　成章は、「あゆひ」を「属《たぐひ》」「家《いへ》」「倫《とも》」「身《み》」「隊《つら》」の五種に分類し、これをどのような語の下に接続するかによって、「属」「家」―名詞に接続し、活用語に接続しない―と「倫」「身」「隊」―名詞に接続せず、活用語に接続する―の二種に分類した。前者は現在の助詞に相当し、「属」「家」は意味によって分類されており、「属」は五種に、「家」は十九種に分れる。後者は、まず活用する「倫」「身」―助動詞に相当する―と、活用しない「隊」―接尾語に相当する―に分けられる。「倫」「身」は意味で分類され、「倫」は六種、「身」は十二種に分れる。扱われている「あゆひ」は、このようにすべて体系的に分類されている。[22]

個々の「あゆひ」の解釈にあたっては、意味の的確な説明とともに、適切な「里言」をあて、その語の把握をより完全なものにしている。[23]

また、本書では助詞・助動詞において、話し手自身について言う場合と話し手以外について言う場合とで意味用法

(22)　それぞれどのように下位分類されているかを示す。
属―詠属《ながめのたぐひ》・疑属《うたがひのたぐひ》・願属《ねがひのたぐひ》・誂属《あつらへのたぐひ》・禁属《いさめのたぐひ》
家―ぞ家・を家・は家・も家・に家・と家・し家・の家・へ家・ら家・のみ家・だに家・より家・む家・ごと家・もて家・がほ家・ながら家・がてら家
倫―可倫《べしとも》・不倫《ずとも》・将倫《むとも》・有倫《ありとも》・去倫《ぬとも》・来倫《くとも》
身―て身・し身・めり身・なり身・ゆく身・あふ身・やる身・かぬ身・被身《る》・令身《す》・為身《す》・如身《ごと》
隊―み隊・く隊・げ隊・かし隊・なべ隊・もの隊・はた隊・がて隊

(23)　「き」と「けり」の例を挙げる。
何き……過ぎたる事を確かに定めて言ふ詞也。ただし、全く人に向ひて言ふことばにて、たま〳〵ひとりごとに言ふとも、自《みづか》ら問ひ自ら答ふるほどの心にのみ詠むべし。里 た事ぞ　た事であった　たことでござある など言ふ。
古《いにしへ》にありき《タコトゾ》あらずは知らねども千年《ちとせ》のためし君にはじめん
思はずにいるとは見えき《タ事デ有タ》あづさ弓かへらばかへれ人のためかは
何けり……き は人に近くあひ向へるやうに言へり。けり は同じく言ひ定めたる詞ながら理にかかはれる方が重くて、自《みづか》ら言へる詞となれり。里 物ぢや　事ぢや と言ふ。また、其所々によりて

が異なる場合があることを解明し、それを「裏」「表」という独特の用語で表現している。(24)「おほむね」に「裏とはみづからの上なり。表とは人物事の上なり」とあり、具体的には次のような用法の差を言う。

何ぞ何　……里、裏に［こちは］と言ふ。表に［何かしらず］と言ふ。……

桜散る花の所は春ながら雪ぞ降り《ガ何カシラズ》つつ消えがてにする

声をだに聞かで別るる魂《たま》よりもなき床に寝ん君ぞ悲《ガコチャ》しき(25)

本書の「おほむね」には、「あゆひ」に限らず成章の文法論が集約されている。

［たことぢや］［たものぢや］と［た］文字を添へても心得べし

常磐《ときは》なる松の緑も春来れば今ひとしほの色まさりけ《ルモノ》り《ヂヤ》

花の木も今は堀り植ゑじ春立てば移ろふ色に人ならひけり《フモノヂヤ》

引用和歌の出典は、順に『古今集』・賀、『後拾遺集』・雑三、『古今集』・春上、同・春下である。

(24)　連歌論等では「自」「他」の用語でこのようなとらえ方がなされてきた。『かざし抄』でも「裏」「表」の用語でなく、「みづからの上」「自」「他」等の語の用語が用いられている。

(25)　「桜散る……」は『古今集』・春下。「雪」すなわち「表」について言っているので、「雪が何か知らず降り続いて消える様子がない」の意になる。「声をだに……」は同・哀傷。自分の気持について言っているので、「(私ハ)君がこちゃ恋しい」の意になる。

16　富士谷成章の学問の流れ

富士谷成章の学問は、子の富士谷御杖(1)に受け継がれたが、十分な発展を遂げたとは言えない。成章と交際のあった上田秋成(2)は、著書『也哉抄《やさいしょう》』(3)において、その説を引用している。幕末には仙台の国学者安田光則(4)が成章の説を研究し、補訂した。

富士谷御杖の研究　御杖は十二歳で父と死別し、伯父皆川淇園の薫陶を受けた。文法の研究書に『脚結抄翼《よく》』(5)『脚結玄義』(6)『俳諧手爾波抄《はいかいてにはしょう》』(7)等があり、ほかにも著書多数がある(8)。

その文法研究は、成章の学説を十分継承して発展させたものではなく、詳細な注解を付したり(9)、独特の思弁的な解釈を加えたものである(10)。

安田光則の研究　成章のみならず他の国学者の説も参照して研究した。著書に『脚結抄考』(11)『脚結抄増補』(12)『挿頭抄増補』(13)等がある。

『脚結抄増補』では、成章が「属《たぐひ》」として五つを立て

(1)　明和五年（一七六八）―文政五年（一八二二）　初め名を「成寿《なりのぶ》」「成元《なりはる》」と言った。

(2)　享保十九年（一七三四）―文化六年（一八〇九）　国学者、歌人、読本《よみほん》作者。本居宣長との論争があり、著書に『雨月物語』『春雨物語』等がある。

(3)　安永三年（一七七四）成立。「或人」の説としているものに、成章の説と通ずるものがある。

(4)　寛政九年（一七九七）―明治三年（一八七〇）

(5)　巻一、巻二の巻頭のみの稿本。寛政六年〈一七九四〉頃の成立。

(6)　文政四年（一八二一）成立。書名は「脚結」の「玄義」（精髄）を解明する意。

(7)　文化四年（一八〇七）刊。『俳諧七部集』の句を例として「てにをは」の用法を詳しく述べたもの。

(8)　御杖の業績は、『新編富士谷御杖全集』（三宅清編、昭和五十四年〈一九七九〉）にまとめられている。

(9)　『脚結抄翼』について言うと、『あゆひ抄』の引く和歌について、一々詳しい注釈を付している。たとえば［何かな］の項の「待つ人にあらぬものから初雁のけさ鳴く声のめづらしきかな」について、「めづらしき哉トハメヅラシトハマヅ人ノ来ルコソ珍シクハアレ珍シト思ハル、ハコレ斗ニテ外ニハコレホド珍ラシキコトハアラズト思ヒシハカネテノ心アテナリ。ソレニ雁ノ初テナク声ノ何トナク珍ラシトイハデハ叶ハヌ物トナリ出タルヲ哉トハヨメリ。……」と注釈を加える。

たのに対し、「敬属」（「ます」たまふ」「めす」等）、「呼属」（「やよ」「よ」等）、「問属」（「や」「やは」「かや」等）、「助辞属」（「さ」「は」「つ」等）の四つを加え、十九種立てた「家」に対して「こと家」を補っている。「敬属」として敬語を付け加えているところに個性が認められるが、「属」は助詞に相当する分類であるのに、活用のある語を加えてしまっている。

『挿頭抄増補』は、『かざし抄』に洩れているもの、補訂を要するものなど約百二十語について、説明を加え、和歌の例を挙げたものである。(14)

(10)　『あゆひ抄』の「む」の項では、「未だ然《しか》あらぬ事をはかりあらまして言ふ詞なり」とするが、『脚結玄義』（「ん」の項）では、「すべて何事をも心に思ひていまだ言に発せぬかたちなり。されば、それには事はさまぐ\なる也。きく人にそこをはからせんが為なり。大かたんはいまだ五十音となり出ぬさきの音にて、いまだ音に発せぬと心をかく思ふと云事を形容する義となれり。……」と独自の論を展開している。

(11)　嘉永四年（一八五一）以前成立

(12)　嘉永四年（一八五一）以前成立

(13)　嘉永四年（一八五一）成立

(14)　ア・イで始まる語で新しく加えたものを挙げると、「あながち・あひ・いかさまに・いかにやく\・いくつ・いとも・いつしかに・いとども・いどこ・いかでなほ・いましはや・いまも」である。

補訂を加えた例として、「いかで」の条をみる。『かざし抄』で、「疑ひの時は どうして と里す。願ひの時は どうぞして と里す。」とある。『挿頭抄増補』では、「打合《うちあひ》」（文の結びとの呼応）を問題にして、「いかで 願ふ時は打合有るもあり、無きもあり。玉の緒にも願ふ意の いかで 結びにかかはらずといへり。伊物四十六条いかで此男に物やいはんと思ひけりと有るも打合なし。……」と説き、疑問の語であるのに終止形で結ぶ場合があるとし、本居宣長の『詞の玉緒』も参照している。

17　本居宣長の文法研究

本居宣長の文法研究は、係り結びの研究と活用の研究にまとめることができる。

係り結びの研究　宣長は『てにをは紐鏡』(1)と『詞の玉緒』(2)において、係り結びの呼応関係を初めて実証的に明らかにした。

『てにをは紐鏡』(以下『紐鏡』と称する)は、係り結びの法則を一覧表にして示したものである。(3)係り結びの関係を、係ることばによって「は(4)・も・徒《ただ》(5)」「ぞ・の(6)・や(7)・何(8)」「こそ」の三種に分かち(9)、それぞれに対する結びを四十三の形に分けて、詳しく示している。(10)

結びとして挙げられているもの(11)を現行の文法用語で整理すると、「は・も・徒」に対する結びは、形容詞の終止形(12)(同型活用の「べし」も含む)、ラ変・カ変・サ変・ナ変・上二段・下二段活用動詞の終止形、助動詞「す」「る」「き」「ず」「り」「なり」「たり」「けり」「めり」「ぬ」「つ」の終止形であり、「ぞ・の・や・何」に対しては同

(1) 明和七年(一七七一)刊

(2) 安永七年(一七七九)自序・刊

(3) 本書の意図を表の最下欄で次のように記している。
此書は上のてにをはに従ひて、けり　ける　けれ　あるは　らん　らめ　などやうに、留《トマ》りもうごくかぎりをあげて、其定れる格をさとさんと也。

(4) 「こそ、ぞ、やにくらぶれば、はもは軽き故に、重なるときはこそ、ぞ、やの格にしたがふ也」と注する。

(5) 「上に　こそ　ぞ　の　や　何　は　も　などいふ辞のなきを今かりに徒《タヾ》といふ」と説明がある。

(6) 「此のは……鴬のなく、花の散るらん、月のかくるゝ、人のつれなき、袖の乾かぬなど、下の用ノ語迄意の及ぶのにて、句をへだてゝも下へかゝるなり。又君が来まさぬなどいふがも此のに同じ。のは軽き故にこそと重なる時はこその格にしたがふ也」と注する。

(7) 「いはゆる疑ひのやなり」と注する。

(8) 「なに、など、なぞ、いかに、いかで、いつ、いづく、いづれ、いくたり、誰《た》がの類皆同じ」と注する。

(9) これを『詞の玉緒』では「三条《みすぢ》の大綱《おほつな》」と言う。

(10) 例えば、「は・も・徒」に対する結びの最初の欄を示すと次のようである。

[し]　べし　なし
のどけし　さむし
うし　つらし

じく連体形である。形の上で終止形と連体形の区別がない四段・上一段活用動詞、助動詞「ん」「らん」「けん」については、「は・も・徒」と「ぞ・の・や・何」に共通の結びとする。「こそ」に対する結びは、右に挙げた語の已然形である。

係り結びに関しては、従来も歌学の世界である程度認識されて来たが、このように整然とまとめたのはこの書が最初である。(13) 宣長が係りの語としたもののうち、「の」の場合は係りではなくいわゆる余情を添える連体形止めの用法であり、「何」で代表される疑問詞の類は、それ自身が係りなのではなく、その下に添えられる助詞「か」が係助詞の機能を持つのである。(14) 現在係助詞とされる「なむ」が含まれていないのは、宣長（に限らず当時）の文法研究の対象であった和歌に「なむ」が用いられないからである。

宣長が結びとした個々の語の認識については問題がある。助動詞「り」は一語と認識されていない。(15) 助動詞「き」「ん」は一語と認められているが、完了の助動詞との複合「にき」「てき」「なん」「てん」は、分析されずこの形で掲げられている。

よし　　わろし
ふかし　あさし
たかし　しるし

中央に語尾の形を示し、両脇に語例を示している。

(11) 独立した項目になっているものだけでなく、挙げられている語例も含める。

(12) ク活用とシク活用は別項に区別されている。

(13) 中世の歌学では、「ぞる、こそれ、おもひきやとは、はり、やらん、これぞ五つの止りなりける」という歌（『歌道秘蔵録』所載）に見るように、係ることばによって結びが異なる現象は認識されていた。本書59ページ以下参照。

(14) 『詞の玉緒』四の巻に「何等の辞をおきて、その下の結びとの間にか文字をはさむこと、常に多し。なにかうらみん。」とあり、また「すべてかはやに似たる辞にて、やと通はしいひてよき所も多し。」として「十六 妹がりと佐保の川辺を分け行けば小夜か更けぬる＝千鳥なくなり」等の歌を挙げており、宣長は「か」の係助詞としての機能にも気付いていた。

(15) 二箇所に掲出されている語尾「せり」のうち一つはサ変動詞＋助動詞「り」、もう一つは「残せり」のような四段活用動詞＋助動詞「り」である。「けり」「てり」「へり」「めり」「れり」とされているものは、「書けり」「待てり」「思へり」「沈めり」等が例示されており、四段活用動詞＋「り」である。

また、活用の種類については、形容詞のク活用とシク活用とは区別されているが、動詞に関しては、それぞれ終止形・連体形・已然形が同形である上二段活用と下二段活用の区別(16)、サ変とカ変と一音節の下二段活用の区別(17)、ナ変と下二段活用の区別(18)がなされていない。また、四段活用と上一段活用の区別(19)もなされていない。

『詞の玉緒』は、『紐鏡』に示された法則について、和歌によってその実例を示し、さらに広く日本語の文における係ることばと結ぶ述語との対応を論じたものである(20)。

一の巻では、「惣論」の次に「三転証歌」として、係り結びの用例を八代集を中心とする和歌から選んで、『紐鏡』に挙げる結びの順に列挙している。二の巻では、倒置法による表現(21)、係助詞の重複(22)、係り結びに関する違例等(23)について、多くの例を挙げて論じている。三の巻では、「は」「も」「ぞ」「の」及び「ば」「が」について、四の巻では、「や」および「か」、「何」その他の疑問詞について、五の巻では、「こそ」及び助詞「と」「とも」「ど」「ども」「を」「に」「て」「にて」「で」「な」「み」「よ」「ね」「し」「か

(16) 結びの語尾が「る・つる・つれ」の段に「落つ」等の上二段活用動詞と「捨つ」等の下二段活用動詞とをともに示し、同じく「ふ・ふる・ふれ」「む・むる・むれ」の段に上二段活用動詞「恋ふ」「恨む」と下二段活用動詞「数ふ」「頼む」等をともに示している。

(17) 「す」「来《く》」「得《う》」「寝《ぬ》」「経《ふ》」が同一の段に掲げられている。

(18) 「ぬ」(動詞語尾)の項に、「往ぬ」「死ぬ」と「重ぬ」「尋ぬ」「つかぬ」がともに挙げられている。

(19) 「る」(動詞語尾)の項に、「見る」と「知る」「かへる」「ちる」等がともに挙げられている。

(20) 「玉」を「自立語」、「緒」(ひも)を「付属語」と置きかえてみると、宣長の日本語観がよくわかる。

(21) 「留りより上へかへるてには」として、たとえば「は」については次のような例を挙げる。

古八　よそにのみこひやわたらん＝しら山のゆき見るべくもあらぬ我身[は]

(22) 「重なるてにをはの格」の条に

[は][も]と[ぞ][の][や][何][こそ]と重なる事常に多し。その時は[は][も]は軽く、[ぞ][の][や][何][こそ]は重き故に、重きかたの格によりて結ぶ也。

とあり、次のような例歌を挙げる。

古四　おく山に紅葉ふみわけ鳴く鹿の声きくとき[ぞ]秋はかな[しき]

(23) 係助詞がないのに連体形で終止する例として、「後一

し」、接尾語「まく」「けく」等について、様々な用法の用例を挙げる。(24) 六の巻では、『紐鏡』の挙げる結びの形を用例によって説き、ほかに助動詞「まし」「らし」及び助詞「つつ」「かな」「がな」等で終止する例を挙げる。(25) 七の巻では、「古風の部」で『万葉集』における特殊な語法を説明し、「文章《あやことば》の部」では本来係り結びの法則は和歌のみに限らず文章でも行われるとして、例を挙げている。(26)

『詞の玉緒』は、『紐鏡』に挙げられた係ることばを中心として、それらと述語の形との対応を考察したもので、成章の『あゆひ抄』が個々の語の意味に重点を置くのに対して、構文論的研究ということが出来る。

活用の研究　宣長の活用の研究は、『活用言の冊子』(27)に見られる。この書は動詞・形容詞を活用の種類及び活用する行の相違によって、二十七の「会」に分け、それぞれに属する語を集め、五十音順に配列したものである。

第一会から第六会までは順にカ（ガ）・サ・タ・ハ（バ）・マ・ラ行四段活用(28)の語を集めるが、第六会のラ行の語の最後に「アリ」「ヲリ」などラ変の語を区別して挙

ふる雪のみのしろごろもうち着つつ春来にけりとおどろかれぬる」等を挙げ、疑問詞があるのに終止形で終止する例として、「後十一　恋しきも思ひこめつつあるものを人に知らるる涙なになり」等を挙げる。宣長は「何」を連体形終止を要求する係ることばと考えたが、終止形で終止する例が少なくないことに気付いていた。

(24)　結びが体言など活用語でない場合、他の助詞等と複合した場合、体言など活用形以外の結びを取る場合等、様々な場合について用例を挙げている。

(25)　「まし」「らし」は助動詞であるが、活用形による形態の変化がないため、「つつ」「かな」などとともに「はたらかぬ辞なる故に、紐鏡三転の外なり。」とする。

(26)　『古今集』の序・詞書、『土佐日記』『伊勢物語』『源氏物語』の文例を挙げる。『紐鏡』で取り上げなかった「なん」についても「おほよそ文章にはなんとかかるてにをは多し。ぞといふべきところを、なだらかにのどめていふ辞也。さる故に結びも皆ぞと同じ格なり。これは歌にはをさ〳〵使はぬ辞なる故に、今殊に例をあぐ。」と述べている。

(27)　天明二年（一七八二）頃成立。宣長自身はこの書を『活用言の冊子』と言ったが、本居門下の人々によって書写されている間に『言語活用抄』（『御国詞《みくにことば》活用抄』ともという名で呼ばれるようになり、増補・訂正も行われた。原本と見られるものは、子の本居春庭（次節参

げている。(29) 第七会から第十五会まではカ（ガ）・サ（ザ）・タ（ダ）・ナ・ハ（バ）・マ・ヤ・ラ・ワ行下二段活用(30)の語、第十六会から第廿二会まで（第十八会を除く）はカ（ガ）・サ・タ（ダ）・ハ（バ）・マ・ヤ・ラ・ラ・ワ行上二段活用(31)の語を集めている。第十八会は「イヌ」「シヌ」というナ変の語が挙げられていて、ナ変と上二段が区別されていない。第廿三会は一音節の下二段活用動詞(32)、第廿四会はサ変・カ変動詞、第廿五会は上一段活用動詞を挙げる。第廿六会はク活用形容詞、第廿七会はシク活用形容詞である。(33) どの会でも、初めに古典語を示し、後に俗として当時の口語の例語を載せる。(34) 全体として、実質的にはナ変以外の動詞の活用の種類はすべて網羅されているが、学問的に分類されているとは言えない。

　『活用言の冊子』は、本居門下に伝えられる間に多くの補訂が加えられ、明治刊行の『御国詞活用抄』のようになってゆく。明治に至るまで刊行されることはなかったが、本居春庭の『詞の八衢《やちまた》』や鈴木朖の『活語断続譜』に発展してゆく研究として、重要なものである。

照）の筆で、宣長・道麻呂の書き入れがある。

(28) 活用形は、カ行であれば カ キ ク ケ というように示されている。

(29) 「アリ・ヲリ・ケリ・ナリ・メリ・ハンベリ」などを挙げ、「此類ハ同ジラリルレノハタラキナガラ、リトスワルコトバナル故ニ、別にコ、ニ出セリ。」とする。

(30) カ行であれば ケ ク クル のように、連用形・終止形・連体形によって活用を示す。

(31) カ行であれば キ ク クル のように連用形・終止形・連体形で活用を示す。

(32) 「得」「寝」「経」の三語を挙げる。

(33) ク活用形容詞は シ カ キ ク ケ、シク活用形容しは シ シカ シキ シク シケ で活用を示す。なお、形容動詞の項はないが、『活用言の冊子』の「附録」（宣長自筆）として カ ヤカ ヨカ ビカ リカ ラカ に終る形容動詞語幹が掲げられている。

(34) たとえば第一会のカガ行四段活用に属する「俗語」として、「エヅク・カセグ・カネグ・カタグ・クドク・シバク・シゴク」など十九語を載せる。

18　本居学派の流れ

鈴木朖《あきら》[1]　宣長の門人。その文法に関する業績は、活用の研究である[2]『活語断続譜《くわつごだんぞくふ》』と、単語の文法的分類とその機能の研究である[3]『言語四種論《げんぎょししゅろん》』である。

『活語断続譜』　宣長の『てにをは紐鏡』『活用言の冊子』の強い影響を受けて成立した書。『紐鏡』は係り結びの法則を示したものであり、用言についてはどのような形で結ぶかを問題にしているが、朖は「結び」(「断」)だけではなく、切れずに続いていく形(「続」)をも問題にした。最初に作成した『活語断続図説』は、『紐鏡』に似た一枚の表であり、用言の結びの形・続く形をともに掲げている。これから発展した[4]『活語断続譜』は、『活用言の冊子』第一会から第廿七会の分類に従い、それぞれの「会」の代表的な語について、終止用法(「断」)と終止しないで下に続く用法(「続」)によって変化する形、すなわち活用形を八等に分類して示している。[5]「一等」(現在の終止形)は終止用法等、「二等」(連体形)は「ぞ・の・や・何」の

(1)　宝暦十四年(一七六四)－天保八年(一八三七)尾張の人。漢学を学んで尾張藩に仕え、晩年には藩校の明倫堂教授になった。

(2)　享和三年(一八〇三)頃成るが、長く刊行されず幕末の慶応三年(一八六七)頃後人が書き入れた本が刊行された。

(3)　享和三年(一八〇三)成り、文政七年(一八二四)刊。

(4)　古田東朔「『活語断続図説』から『活語断続譜』へ」(『国語学』四三、一九六一・一二)

本書は初稿本に当る『活語断続図説』から再稿本、三稿本(黒川本・神宮文庫本等)、四稿本(柳園叢書本)という段階を経ているとされる。

(5)　四稿本とされる『柳園叢書本』では活用形を「七段」に分けている。

本書の活用形の排列は、例えばカ行四段活用であれば、「ク・ク・ク・キ・ケ・ケ・カ・カ」となる(七段の場合は最後のカを欠く)。この排列の仕方が、富士谷成章の「装図」と類似している点からその影響を考える見方があったが(時枝誠記「鈴木朖の国語学史上の位置について」〈『国語と国文学』昭和二・一〉、山田孝雄『国語学史』)、現在では直接の影響は認められていない。注(4)引用文献参照。

結び・「は」「も」等の助詞・「なり」へ接続する場合、「三等」（終止形）は助動詞「べし」「らし」等に接続する場合、「四等」（連用形）は中止法・助動詞「き」「つ」等に接続する場合、「五等」（已然形）は「こそ」の結び・助詞「ど」等に接続する場合、「六等」（命令形）は命令する場合、「七等」（未然形）は助動詞「む」「ず」・助詞「ば」等に接続する場合、「八等」は未然形で助動詞「しむ」等に接続する場合である。

活用形を、結びの形だけでなくその文法的な機能によって分けているのであって、宣長より進んだ考え方である。

『言語四種論』　語をその機能によって「体ノ詞」、「形状《アリカタ》ノ詞」、「作用《シワザ》ノ詞」、「テニヲハ」の四種に分類した。(6)

「体ノ詞」は「動カヌ詞」とされ、名詞である。従来「用ノ詞」「ハタラク詞」などと呼ばれて一括されてきた「形状ノ詞」と「作用ノ詞」の区別について、朖は「形状ノ詞」は終止形が「イ」の韻（具体的には「シ・リ」）で終るもの、「作用ノ詞」は「ウ」の韻で終るものとする。(7)

（6）次のように説く。
詞ニ四種《クサ》の別チトハ、一ツハ万ツノ名目ニテ、体ノ詞、又動カヌ詞ト云。一ツハテニヲハ、一ツハ形状《アリカタ》ノ詞、一ツハ作用《シワザ》ノ詞、此二ツヲ合セテ、世ニハ用ノ詞ト云。又働ク詞トモ、活用ノ詞トモ、活語トモ云。終リニ附クモジ、断レ続キニ因リテカハル故ナリ。

（7）次のように説明する。
用ノ詞、ハタラク詞、活語ナンド、古来一ツニ言来レルヲバ、今形状《アリカタ》、作用《シワザ》ト分チテ二種《クサ》ノ詞トセルハ、終リニ附キテハタラクテニヲハノ、本語ニテキレ居《ス》ワリタルモジノ、第二ノイ‖ノ韻ナルト、第三ノウ‖ノ韻ナルトノ差別也。第二ノ韻ナルハ、シ‖リ‖ノ二ツ也。……第三ノ韻ナルハ、ク‖明ク行ク・グ‖揚グ下グ・ス‖刺ス馳ス・ツ‖当ツ勝ツ・ヅ‖撫ヅ恥ヅ・ヌ‖往ヌ兼ヌ・フ‖逢フ買フ・ブ‖浮ブ並ブ・ム‖編ム咬ム・ユ‖愈ユ消ユ・ル‖借ル去ル・ウ‖居ウ衝居《ツキウ》・ノ十二也。
この二分類を重視したのが石垣謙二「作用性用言反撥の法則」（『助詞の歴史的研究』所収）で、冒頭に右の部分（及びそれに続く文章）を引く。

（8）次のように説明する。
前ノ三種《クサ》ノ詞ト此テニヲハトヲ対《ムカ》ヘミルニ、三種ノ詞ハサス所アリ、テニヲハ、サス所ナシ。三種ハ物事ヲサシアラハシテ詞トナリ、テニヲハ、其詞ニツケル心ノ声

「形状ノ詞」は、現在の形容詞の他にラ変の動詞（アリ・ヲリ等）を含める。「作用ノ詞」はラ変以外の動詞である。以上の三種の語を「詞」とし、「テニヲハ」はこれと対立するものとし、「詞」に添えて文法的な働きをさせるものと考えた。(8) 具体的には、現在の助詞・助動詞のほか、感動詞・副詞・接続詞・活用語尾等を含めている。(9)

名詞・形容詞・動詞等の「詞」に対して「てにをは」の機能を考えた朖の説は、後の時枝誠記の文法論に深い影響を与えた。

本居春庭(10)　宣長の子。三十三歳の時失明したが、父の業を継ぎ、門人の指導につとめた。活用の研究である『詞の八衢《やちまた》』(11)、ことばの「つかひざま」を説いた『詞の通路《かよひぢ》』(12)がある。

『詞の八衢』　動詞の活用を五十音図に基づいて整理し、その語形変化のありかたによって分類して説明を加えた書。父宣長の『活用言の冊子』、鈴木朖の『活語断続譜』を総合した性格を持つ。(13)

春庭は、『活用言の冊子』では二十七種に分類されてい

也。詞ハ玉ノ如ク、テニヲハ、緒ノゴトシ。詞ハ器物ノ如ク、テニヲハ、其ヲ使ヒ動カス手ノ如シ。サレバ体ノ詞ニテニヲハヲ添テ活語トナリ、其死活ノ詞ドモヲバ又テニヲハシテ貫《ヌキ》連ネ使ヒ動シテ万ッノ詞トナル。詞ハテニヲハナラデハ働カズ、テニヲハ、詞ナラデハツク所ナシ。

(9)　「テニヲハ」を六つに分けて具体的に説明する。

サレド又独立テ詞ヲ離レタルテニヲハアリ、コレ一ツ。詞ニ先ダツテニヲハコレ二ツ。詞ノ中間《ナカラ》ニアルテニヲハコレ三ツ。詞ノ跡ヲ承《ウケ》テトムルテニヲハ是四ツ。活語ノ終リニツキタルテニヲハコレ五ツ。附クニハアラデ跡ヲ承ケ、又中間《ナカヲ》ニモアリテ、切レモ続キモシテ働クテニヲハヲソヘテ六也。……○独立タルテニヲハ、ア、（嘆ク声又笑フ声）、アハレ、アハヤ、アヤ、……○詞ニサキダツテニヲハ、ハタ、又、イデ、アニ、……○詞ノ中間《ナカラ》ノテニヲハ、ノ、ノ之、ツ（天ツ風、沖ツ波ノ類）、ニ、ヲ、……○詞ノ後《シリヘ》ナルテニヲハ、カ、カモ、カナ、……○活語ニツケルテニヲハ、形《アリ》状《カタ》ノ詞ニ二ツ シリ、作用《シワサ》の詞ニ十二 クグスツツヌ フブムユルウ、……○詞ノ跡ヲ承《ウケ》テキレモシ、又働キテ下ニツヾキモスル事、活語ノ終リノテニヲハノ如クナルアリ。……其テニヲハ、、ゴトシ、ベシ、マシ、リ、タリ、ナリ、……

(10)　宝暦十三年（一七六三）－文政十一年（一八二八）

(11)　文化三年（一八〇六）成立、文化五年（一八〇八）刊

た動詞の活用形式を七種に整理した。すなわち、「四段の活」（四段活用）「一段の活」（上一段活用）「中二段の活」（上二段活用）「下二段の活」（下二段活用）、及び「変格の活」三種（カ変・サ変・ナ変）である。[14] さらに、朖の『活語断続譜』では八等に分れていた活用形を三形（一段の活）、四形（四段の活・中二段の活・下二段の活）、五形（変格の活）にまとめ、「四種の活の図」において、それぞれの活用形の用法、[15] 接続する助詞・助動詞を挙げている。活用形の配列は、現在の名で言えば未然形・連用形・終止形・連体形・已然形の順である。ラ変・下一段活用・命令形を認めていない点、四段活用以外は未然形と連用形を語形の変化がないため区別せず、同様に四段活用・上一段活用では終止形と連体形を区別していない点など問題はあるが、動詞の活用形式・活用形・活用形の用法を現在の活用表に近い形に整理して示していると言える。なお、形容詞については、総論で述べるだけで、表や説明はない。

　本書は本居学派の動詞の活用研究の根幹となる部分を明快に示していて、後世に大きな影響を与えた。

(12)　文政十一年（一八二八）成立、翌年刊か。

(13)　『活語断続譜』との関係については、時枝誠記は『国語学史』（昭和十五年〈一九四〇〉）において、岩崎文庫所蔵『御国詞活用抄』の巻末にある高橋広道の跋文を紹介し、本書が『活語断続譜』を参照していることを明らかにした。山田孝雄『国語学史』（昭和十八年〈一九四三〉）でも同様の影響関係が推定されている。

(14)　ラ変は四段活用に含めている。下一段活用には全く触れられていない。

(15)　終止形に当る形には「切るることば」、連体形に当る形には「続くことば」、已然形に当る形には「こその結辞」と注する。

『詞の通路』　用言を相互の用法・語形の関連においてとらえ、論じた書。「詞の自他の事」「詞の兼用の事」「詞の延約の事」「詞てにをはのかかる所の事」等を内容とする。

「詞の自他の事」は、同一語幹の語が自動詞、他動詞として、また「る・らる」「す・さす」が付いて、どのような意味や語形になるかを六類に分けて表に示している(16)。また、自他の対立がある動詞について、その活用の行の違いを考えている(17)。

「詞の兼用の事」は、掛けことばについてである。

「詞の延約の事」は、「延言」「約言」についてである。「延言」は、現在では助動詞あるいは接尾語とされる上代語の「す」「ふ」が付いた形——「菜つます子」の「つます」、「かくさはぬあかき心」の「かくさは」、「聞かく」等——を「つむ」「かくす」「聞く」の延びたものとし、「まさりて」を「まして」の延びたものとする類である。「約言」は、「恋ひしけむ」を「恋しからむ」の約言とするような類である。

(16)　「おのづから然する」(自動詞に相当)「物を然する」(他動詞に相当)「他に然する」(他動詞に相当)「他に然さする」(使役)「おのづから然せらるる」(可能・自発)「他に然せらるる」(受身)である。たとえば、「聞く」の場合、順に「聞こゆる」「聞く」「聞かする」「聞こえさする」「聞かるる」「聞かるる」の形になる。

(17)　同じ行で活用の異なるもの(しりぞく—しりぞくる等)、サ行にうつって分れるもの(おどろく—おどろかす等)、ラ行にうつって分れるもの(あつる—あたる等)、サ行とラ行で自他の対立があるもの(かへす—かへる等)である。

「詞てにをはのかかる所の事」では、歌における語の係り方について考え、示している。(18)

東条義門(19)　これまでの活用研究を大成した学者で、現在の活用・活用形の名称は、ほぼ彼の命名による。文法研究の業績として『友鏡』(20)『和語説略図《わごせつりゃくず》』(21)『活語指南』(22)『山口栞《やまぐちのしおり》』(23)等がある。

『友鏡』　名称からもうかがわれるように、宣長の『紐鏡』を承けた書であり、同様に一枚の縦長の図表である。義門はその作成の意図を、第一には係る語とそれに呼応して結ぶ語の形を明らかにすることであるとし、第二には活用形の用法を明らかにすることであるとする。(24)第一の点は宣長の研究を受け継いだものであり、第二の点は春庭の『詞の八衢』の影響がある。

『紐鏡』との主な相違点として、次の諸点が挙げられる。第一に『紐鏡』では結びの形（活用形）として「三転」すなわち終止・連体・已然形に当たる形を挙げるのに対して、(25)本書では第一転将然言・第二転連用言・第三転截断言・第四転連体言・第五転已然言の五転を示す。五転は

(18)　思ひつつぬればや人のみえつらむ夢と知りせばさめざらましを

(19)　天明六年（一七八六）－天保一四年（一八四三）　若狭国小浜の妙玄寺の住職の三男に生れ、京都に学んだが、兄の死により帰郷して住職を継いだ。宣長の弟子藤井高尚《たかなお》に歌文を学び、他の宣長門下の人々、江戸の漢学者太田全斎等と交わりを結んだ。ほかに『於乎軽重義』『男信《なましな》』『類聚雅俗言』などの著書があり、その業績は三木幸信『義門研究資料集成』に収められている。

(20)　別名『てにをは友鏡』。文政六年（一八二三）刊。

(21)　天保四年（一八三三）刊

(22)　文化七年（一八一〇）初稿『詞の道しるべ』が成り、修正増補を経て天保十五年（一八四四）刊。

(23)　文政元年（一八一八）初稿成る。天保四年（一八三三）増補改訂を行い、天保七年刊。

(24)　表の下欄で次のように述べている。

此十九類五十二段の図は、てにをはの本末《もとすゑ》を照しあはせん為はさる物にて、又活き動くことばのすべての格をも大かたひと目に見とほしわきまへん料《れう》にもとあらはせる也。そも〳〵おのれ聊にても此道をたどりそめしは、もと紐鏡といへる書の光を蒙てなり。さてそれより詞玉ノ緒などをくりかへし見しかば、……

「てにをはの本末」は『詞の玉緒』で係ることばと受けて結ぶことばの意に使われている。

『詞の八衢』にならったものだが、それに名称を付したのは義門の独創で、この名称は基本的に現在にまで受け継がれている。第五転の次の小欄に「使令」として命令形の形を示している。

第二に『紐鏡』で独立した活用とされていないカ変・サ変・ナ変を、『詞の八衢』にならって「変格の活」として独立した活用と認めた。[26]

第三に『紐鏡』では区別されなかった上二段と下二段、四段と上一段を別の活用として区別した。これも『詞の八衢』にならったものである。[27]

第四に、助動詞の一語としての認識が確かなものになった。『紐鏡』では一語とされていない助動詞「り」が一語とされ、[28]「てき」「にき」「てん」「なん」などのように複合した形で取上げられていたものが、「き」「ん」の項にまとめられた。[29]

本書は、活用・活用形・助動詞を極めて正確にとらえている。

『和語説略図』　『詞の八衢』を参考にして『友鏡』

(25)　ただし、宣長の『活用言の冊子』では四段活用にはカ行の場合カ・キ・ク・ケの四形を、二段活用の場合カ行であればケ・ク・クルの三形を示している。

(26)　ただし、宣長の『活用言の冊子』では、第廿四会にカ変・サ変のみを挙げ、他の活用と区別している。

(27)　「四段の活」、「一段の活」（上一段活用）、「中二段の活」（上二段活用）、「下二段の活」という名称も、『詞の八衢』と同じである。

(28)　表の結びの形の第六段から第十二段まで、すなわち「けり」（「聞けり」等）、「せり」（「伏せり」等）、「てり」（「立てり」等）、「へり」（「言へり」等）、「めり」（「沈めり」等）、「れり」（「散れり」等）について、「コノ六段一類ナリ」と注する。

(29)　「てき」「にき」に関しては、「紐鏡ニハ　てき　にき　ノ二ヲ別段トシテアレドモ、ソノ　て　に　ハ下の第十三十四ノ二段ニテアラハセル　つ　ぬ　ノ活用セル連用言ナルノミナレバ、合セテコノ第三段ニテ弁ヘシムルナリ」と正確に分析している。

「てん」「なん」に関しては、もっと明確に「ん・め」の一段にまとめ、「けん　てん　なん　ハ即上ノ第三段第十三段第十四段ノ図ニアラハレタル　け　て　な　ヲん　トウケタルノミニテ、　いなん　捨テん　ナド云ト全ク同ジ格ナレバナリ」と注する。ただし、ここでいう「けん」は、現在では過去の推量の助動詞とする語である。

を整理訂正した横長の一枚の表で、[30] 現在の活用表に近い形式である。『友鏡』との主な相違点として、次の点が挙げられる。

第一に、形容詞・動詞「有り」・助動詞「き」「ず・じ」を「形状ノコトバ」[31] とし、他の動詞を「作用ノ詞」としてを区別している。これは鈴木朖の『言語四種論』の分類と同様であるが、助動詞「き」「ず・じ」を「形状ノコトバ」に入れたのは、朖と異なる。

第二に、『友鏡』では形容詞・助動詞・動詞の結びの形[32]を四十九種とし、活用の種類別に並べているが、本書では助動詞は付属的に扱われ、[33] 動詞は「変格活」（カ変・サ変・ナ変）、「下二段活」、「中二段活」（上二段活用）「一段の活」（上一段活用）、「四段の活」に五種に分類されている。[34] これは『詞の八衢』にならったものだが、『詞の八衢』では動詞の活用表を「四種の活の図」とし、変格活用はそこに加えられていないのに対し、[35] 本書では他の活用と同等に並べられている。

第三に、『友鏡』では「使令」とされた命令形が「希求

(30) 再刊本（天保十三年〈一八四二〉）では、別に図表と同じ大きさの「追補」があり、五十音図を掲げて活用の具体的説明をしている。

(31) 助動詞「き」「ず・じ」を形容詞と同類の語とするのは、石垣謙二と共通する。
本書80ページ注(7)参照。

(32) 活用しない結びとして別欄にあげてある「らし」「つつ」「かな」を加えると五二種。

(33) 助動詞の中でも、「き」「ず・じ」「む・むず」は動詞・形容詞と同様に扱われている。

(34) 「ラ変」は一つの活用とされているが、名称は付されていない。

(35) カ変の「来」は、カ行に活用する動詞の例を挙げた「加行之図」に「来《クル》」として載せられ、「変格の活はくるといふ語のみにて此外なし」と注が付されている。サ変・ナ変も同様である。

言」として活用形として認められている(36)。

第四に、各活用形に接続する助動詞・助詞を示している。これも『詞の八衢』にならったものである。

『活語指南』　『和語説略図』について説明し、注解を加えたものである。

活用形については、次のように説明する。

将然言――コレカラドリヤト初メカケル、コレカラユクサキノコトヲ云、但シコレハ一端ニツキシバラク名ヅケタル名目也。未然言ナドヤウニ云テモ可ナリ(37)。

連用言――動キ活ク語カラ動キ用《はたら》ク言バヘツヅク。

截断言――キレテスワレルヲ云、言ノトマリ所ナリ。

連躰言――活ラキ動ク用ノ言カラ動カヌ語ヘ連《ツヾ》ク、ウゴカヌトハ躰ノ語ノ事也(38)。

已然言――然アツテスンダ処ナリ、将然未然ニ対シ考フベシ(39)。

希求《ケク》言――世ニイハユル下知ノ詞也(40)。

それぞれ例を挙げて詳しく説明している。たとえば、形容

(36)　ただし欄は小さく、他の活用形名は縦書きなのに、「希求言」は横書きされている。「希求言」と改めた理由については、注(40)参照。

(37)　続いて次のように説く。
コレハマヅ挙テ二一隅ヲ一示ス二三隅ヲ一トイヘル風情ナリトシレ、花サカバト云ヘバサカヌサキニ云ルニテ、カノサケバト云ルハチヤントサイテスンダヲ云、ソレハ已然言ニ対スル名目ナリ。

(38)　続いて次のように説く。
但シ躰用コ、ニイヘルハ、カノ儒書ニテモ仏書ニテモ躰相用ナドトスベテノ事物ノウヘニ云躰用ニテハアナガチニ心得《ココロウ》ベカラズ。物躰アラヌモノニテモ、ソノモノソノコトソノワザノ名デ、其語ノ末《スヱ》ノ文字ノトモカクモ動カヌ分ヲ今ハコトゞヽク躰言ト云ヒオケルノゾト意《ココロ》エヨ。コレニ有形无形アリ。

(39)　続いて次のように説く。
已ハチヤントスンダノナリ。花開ケバト云ヲ花開カバト云ニ対シテ考フベシ。咲カバハ未也、咲ケバハチヤント也。

(40)　続いて次のように説く。
友鏡ニハ使令トイヘレド、ソレモヤハリアタラヌワケアルユヱ、略図ニハ又アラタメテ希求ト目《ナツ》ケタル也。主君ニムカヒテ云云シ玉ヘト申ス玉ヘノヘナド、コレヲ下知使令トイヒテハ当ラヌニアラズヤ。

詞の終止形「し」の項では、『古今集』の「ことならば咲かずやはあらぬ桜花見る我さへに静心なし」を例歌として引き「なし」に「截断言」と注し、「此様ニ早ウチルクラヰナラバ、イツソサカズニアルガエイノニ、ナゼ咲イタ、サカヌガマシヂヤニ、見ル我マデユツタリトシヅカナ心ナシト、云ヒキツタノナレバ、なしハ截断言也」と和歌を口語訳し、「なし」が終止形であることをわかりやすく説いている。

『山口栞』　用言について、まとめて論じている書で、上・中・下三巻から成る。

最初に語の音変化に、用言の活用、名詞の複合による音変化、特定の条件のない音変化の三種があることを述べ(41)、その中での用言の活用に固有の性格について論じる。

次いで、誤りやすい活用、「る・らる」「す・さす」に関する問題等を論じた後、活用に問題のある動詞を活用する行によって分け、カ・ガ行からワ行まで順に論じる(42)。

形容詞の活用は、『詞の八衢』では触れることが少なかったが、本書では「形状言につきてのすべての佐陀」(43)で一

(41)　原文に次のようにある。

人のことばの何くれとうつる音《こゑ》に、凡そ三のけぢめありと思はる。

一にははたらきことばのおの〳〵用《はたら》きつかさどる所に随ひつつ必ずその音のかはる。

二にはゐことばながら二つあひ連なる其ところのさまによりておのづからに其音のうつる。

三には用言躰言ともに必ずかくとの定まりあるにはあらで、只五十《い》連《つら》の音のこれかれと通へる。

「はたらきことば」は用言、「ゐことば」は体言である。一は用言の規則的音変化すなわち活用について、二は「木《き》」「金《かね》」が複合語で「木陰《こかげ》」「金槌《かなづち》」になるような場合を指す。三は、「にじ」（虹）を「ぬじ」といったり、「あるく」を「ありく」といったりする場合を指す。

(42)　たとえばカ行に活用する語としては、「いく・いくる（生）」「くく（漏）」「またぐ（急）」「さかゆく（栄行）」「なへぐ（蹇）」「へぐ（剝）」「せめぐ（鬩）」「ける（来）」「蓋《き》せる」を取り上げている。

(43)　「佐陀」は「定」で、「きまり」の意。

般的に論じ、形容詞的活用の助動詞、問題のある形容詞及び活用形について述べる。また、「ながく〱し夜など諸活語の躰言へつらなる所」の項に掲げる一種の活用表に(44)、「連用言」として「深くみどりす」「長くしたふ」「むなしく過ぐ」「ながく〱しく曰ふ」などを挙げ、連用修飾の用法を形容詞に明確に認めているのは注目される。

最後に漢文の訓読と用言の関係に触れ、漢語サ変動詞や、「無みす」「罪す」など漢文訓読特有のサ変動詞について論じ、また漢語を直接活用させた語として「装束《きうぞ》く」等を指摘している。

(44)　形容詞について、体言との複合語を作る場合、ク活用では「深《フカ》緑《ミドリ》」「長《ナガ》夜《ヨ》」、シク活用では「空《ムナ》シ煙《ケブリ》」「永《なが》〱長シ夜」となることを示し、また、体言を修飾する場合(連躰言)、ク活用では「ふかき緑」「ながき夜」となり、シク活用では「むなしき煙」「ながく〱しき夜」となることを示している。

なお、この項では、形容詞が体言に連なる場合を問題にしているのであるが、「此形状言二種のみならずすべてかの四種の活きのさまなどもいよよ明かにならしめんとて」として、変格活用を除く動詞の四種の活用も表に加えている。

19　西洋文法学の渡来(1)

日本人によるオランダ語文典　江戸時代には長崎の出島を通してオランダ語学（蘭語学）の摂取によって、日本人によるオランダ語文法の書物も刊行され、その日本語の文法研究への応用も行われた。

藤林普山(2)の『和蘭語法解《おらんだごはふげ》』(3)は刊本として日本人による最初のオランダ語文典であり、広く影響を与えた。オランダ語は単語を九品詞に分けること(4)を述べ、それぞれについて訳文を付した例文を挙げ、解説している。

大庭雪斎(5)の『訳和蘭文語《やくおらんだぶんご》』(6)は、オランダで出版された『オランダ文法』(7)第二版（一八二二）及び『文章論』(8)（一八一〇）の翻訳であり、蘭学を志す者に多く読まれた。

オランダ語文法の日本語への適用　日本語にオランダ語文法を適用する試みを行ったのが、鶴峯戌申《つるみねしげのぶ》(9)である。彼は、『語学究理九品九格総括図式』(10)で日本語を九品九格に分類して文の構造を図に示し、『語学新書』(11)においてそれを詳しく説明した。

(1)　平安時代初期に日本に渡来した悉曇学（本書24ページ参照）には文法も入っていたが、その理論は日本人には理解されなかったらしく、ほとんど取り上げられず、鎌倉時代に『八転声抄』という、梵語の格変化を説いたものがあり、若干国語にふれている程度である。江戸時代になって、「八転声」とか「六合釈」（梵語構成法）とかの研究が悉曇家の方で行われたが、国語の文法研究にはほとんど関係が無かった。

また、室町末期にキリシタンによる日本語研究が行われ（本書155ページ参照）立派な業績をあげているが、これらの研究が日本人の国語研究に影響を与えたことは無かった。

(2)　天明元年（一七八一）－天保七年（一八三六）

(3)　文化十二年（一八一五）刊

(4)　九品詞は、性言(冠詞)・名言(名詞・形容詞)・代言(代名詞)・活言(動詞)・分言(分詞)・添言(副詞)・接言(接続詞)・上言(前置詞)・感言(感動詞)である。

(5)　文化二年（一八〇五）－明治六年（一八七三）

(6)　安政三－四年（一八五六－五七）刊

(7)　原書名 Grammatica of Nederduitsche Spraakkunst

(8)　原書名 Syntaxis　本書は、早く箕作阮甫《みつくりげんぽ》によって『和蘭文典前編』（天保十三年〈一八四二〉）、『和蘭文典成句論』（嘉永元年〈一八四八〉）として翻刻され、原文によって蘭学生の間で学習されていた。

日本語の単語をまず九品すなわち九種類の品詞に分類する。実体言《キコトバ》・虚体言《ツキコトバ》・代名言《カヘコトバ》・連体言《ツヅキコトバ》・活用言《ハタラキコトバ》・形容言《サマコトバ》・接続言《ツヅケコトバ》・指示言《サシコトバ》・感動言《ナゲキコトバ》である。(12) これは、オランダ語文法の九品詞を日本語にあてはめたものだが、先の『和蘭語法解』と比べると明らかなように、日本語にない冠詞に当る性言を除き、代りにオランダ語文法では名言の下位分類である名詞と形容詞(13)を実体言と虚体言として独立させている点など、ある程度日本語に適合した分類にしていると言える。また、代名言・連体言・形容言・接続言・感動言は、「言」を「詞」に代えると後世の品詞名と一致する。(14)

九格とは、文を構成する成分に関するもので、体言に助詞がついて働く六格と用言・助動詞に関わる三格に分かれる。体言に関する六格は能格（能主格）と所格五種に分かれ、能主格は「君」の位のように所格を使う働きをし、所格は「臣」の位のように能主格に使われるものであり、用言に関する三格は「民」のように能主格をうけて結ぶものとする。(15)

(9)　天明八年（一七八八）―安政六年（一八五九）　豊後の人。京都で和歌・暦算を学び、大阪で教え、後江戸に出て徳川斉昭の知遇を受け、水戸藩士となった。著書に他に『嘉永刪定神代文字考』などがある。山田孝雄『国語学史』参照。

(10)　文政十三年（一八三〇）識語。『国語学大系』第二巻に翻刻がある。

(11)　天保四年（一八三三）序文。『国語学人系』第一巻に翻刻がある。

(12)　実体言は名詞、虚体言は形容詞、代名言は代名詞、連体言は分詞（「咲く花」の「咲く」のような活用語の連体修飾形）、活用言は動詞、形容言は副詞、接続言は接続詞、指示言は助詞、感動言は感動詞に当る。

(13)　『和蘭語法解』では、名詞を自立名言、形容詞を附属名言とする。

(14)　もちろん、連体言と連体詞、形容言と形容詞は、意味するところが異なる。

(15)　「能主格第一《モノスルサダマリ》」の項に、「能主格はかゝりになる助辞にして、すべて体言の類これらの助辞を得れば君位の辞となる也。能はものするよしにて、なほ君の如く、所はものせらるるよしにて、なほ臣の如し。たとへば鳶といふ体言に能格の助辞をつけて鳶はとか鳶ぞとかいへば、その鳶といふ詞君位となりて、よく他の臣位の詞を使ふ也。もしまた所格の助辞をつけて鳶にとか鷲をとかいへば、その鷲といふ詞臣位となりて、他の君位の詞よ

「能主格《モノスルサダマリ》」は、三つに分類され、(16) それぞれ対応する結辞を有するとする。すなわち、第一能主格に対しては終止形、第二能主格に対しては連体形、第三能主格に対しては已然形である。これは要するに係り助詞の付いた語句を結びの違いによって三つに分けたものであり、それぞれについて用例を示していて、係り結びの研究となっている。

所格は、助詞「の・が」の付く「所生格《ウマセラル、サダマリ》第二」、助詞「に・と・へ」の付く「所与格《アタヘラル、サダマリ》第三」、助詞「を」の付く「所役格《ツカハル、サダマリ》第四」、助詞「ゆ・より・から・ゆゑ」の付く「所奪格《トラル、サダマリ》第五」、助詞「よ・や」等の付く「呼召格《ヨブサダマリ》第六」の五種に分れる。この六格は、先の『和蘭語法解』にあるオランダ語文法の主格・生格・与格・役格・奪格・呼格を単純に日本語にあてはめたもので、名称もそれによっている。「呼召格」などはその典型的な例で、日本語では全く無意味なものである。

しかし、彼はオランダ語文法を全く盲目的に日本語にあてはめたのではない。能主格について言えば、オランダ語の主語述語関係にあたるものが、日本語では係り結びの関

りつかはるゝ也。されば能格所格とはいふ也。さて上に能格のかゝりあれば、下にかならずその結辞あり。これなほ民のごとし。」と説く。

(16) 助詞「は・も」の「かかり」である第一能主格、助詞「ぞ・の・や・か」の「かかり」である第二能主格、助詞「こそ」の「かかり」である第三能主格の三種に分れる。

係であると考えたと言えるのであって、現代の文法論にも通底する一つの見識である。(17) 所格についても、呼召格を除く四種は、体言に格助詞の付いたものであり、日本語の文の重要な構成要素である。

残る三格は、動詞・助動詞等についての分類で、「現在格第七《メノマヘノサダマリ》」「過去格第八《コシカタノサダマリ》」「未来格第九《ユクサキノサダマリ》」である。(18) 文の結びは、動詞に助動詞・助詞が接続して、現在・過去・未来を表すものであるという考え方である。(19) これらは、文の結びとなる語句を、オランダ語文法にならって時制によって分けたもので、日本語の文法と合致しないと批判される点である。

以上の九品九格によって日本語の文がどのように構成されるかは、『語学究理九品九格総括図式』で次のように図示されている（用語は『語学新書』による）(20)。

実体言 虚体言 代名言 連体言	第一能主格 第二能主格 第三能主格	所生格 所与格 所役格 所奪格 呼召格	現在用言 ［全過用言 　未過用言］ 未来用言	現在格 ［全過格 　未過格］ 未来格	第一能格結辞 第二能格結辞 第三能格結辞

(17)　たとえば、大野晋『係り結びの研究』では、係り結びを英語・ドイツ語などの「主語―述語」という基本構造に相当し、「日本語の文の枠組みを決定する重要な役目を負うもの」としている。

(18)　「現在格」は、「現在用言」（動詞の終止・連体形）に接続する助動詞「めり・らん・べし・なり」・助詞「かな・とも・より・まで」等を指す。「過去格」は、「全過用言」（動詞の連用形）に接続する助動詞「けり・けん・つ・ぬ・き」および助詞「つつ」等―「全過格」―と、「未過用言」（動詞の已然形）に接続する助詞「ば・ど・ども」―「未過格」―を指す。「未来格」は、「未来用言」（動詞の未然形）に接続する助動詞「ん・ず・じ・まし」および助詞「で・ば・なん」等を指す。

(19)　現在格の場合は、動詞の終止形で結ぶ場合も存在するわけだが、これは「欠助辞」とされる。

(20)　『語学究理九品九格総括図式』では、「現在用言」が「現在活用言」、「全過用言」が「過去活用言」、「未過用言」が「未過」、「未来用言」が「未来活用言」となっている。

細かい説明は煩雑で分かりにくい点が多いが、日本語の文の構造をこのような形で図解したのは画期的であり、先駆的な意味があると考えられる。

西洋文典の影響による文法研究　明治維新以後、西洋文典の日本語への適用による日本文法論が現れたが、中で詳しいものが田中義廉《よしかど》の『小学日本文典』(21)（明治八年刊）である。文法論全体の構成は、［七品詞の名目］［名詞、名詞の性、名詞の種類、集合名詞、名詞の格］［形容詞、形容詞の詞尾、形容(22)詞の名詞、数形容詞］［代名詞、人代名詞、疑問代名詞、復帰代名詞、指示代名詞、不定代名詞］［動詞、動詞の種類、動詞の活用、分(23)詞、助動詞、動詞の法、動詞の時限、配(24)合の例、動詞の定音、集合動詞、転成動詞］［副詞、副詞の品類、転成の副詞］［接続詞、第一種の接続詞、第二種の接続詞、接続詞の品類］［習(25)煉］である。品詞中心であり、西洋文典の構成にならったものと言える。品詞についての論の内容も、「名詞の格」「名詞の性」「集合名詞」「分詞」「復帰代名詞」など、いかにも西洋文典の直訳的である。日本人による研究で重視された

(21)　自序には明治七年一月とあるが、奥付「明治八年出版」「明治八年十一月廿四日版権免許」「東京麻布新網町一丁目廿四番地　田中義廉　編輯并蔵版」とある。本書の改訂版が明治十年に『新訂日本小文典』として刊行されている。

(22)　「形容詞は、其本然の形を以て直に名詞の位を取ることあり」とし、「赤」「青」などや、「故キヲ温ネテ新キヲ知ル」の「故キ」「温キ」などを指している。

(23)　「打ツ人」「捨ツル物」の「打ツ」「捨ツル」などを「能動分詞」、「打タル、人」「捨テラル、物」の「打タル、」「捨テラル、」を受動分詞とする。

(24)　動詞の法と時制の関係、活用と時制の関係による動詞の語形変化を表にして示す。

(25)　七品詞の用法を実際の文について説明している章である。

「係りと結び」については全く論じられていない。

鶴峯戊申『語学新書』と比べると、助詞を品詞としない点が大きな相違点である。「名詞の格」の章では、四種[26]の格をどのような助詞が付くかで分類しているのであるが、名詞に助詞の付いた形を西欧語の格変化と同様なものと考えたため、助詞を品詞と認められなかったのであろう。[27]「動詞の種類」の章では、動詞を他動詞と自動詞に二分し、「動詞の法」の章では「直説法」「接続法」等を述べ、「動詞の時限」の章では時制を「過去・現在・未来」に分け、「現在」については「第一現在」と「第二現在即半過去」に分ける。いずれも西洋文典の適用である。

品詞名や文法用語が現在用いられているものが多いのが注目される。七品詞名のうち「感詞」（現在の「感動詞」）以外はすべて現在の品詞名と同じである。[28] また、「代名詞」の章の「人代名詞」「疑問代名詞」「指示代名詞」「不定代名詞」、動詞の章の中の「助動詞」「自動詞」「他動詞」も同様である。

明治九年刊中根淑『日本文典』も、『小学日本文典』と

(26)　第一格は「文章中の、主となるべき名詞に属して其作動を示すもの」（主格に相当する）で、「ガの字を付加するもの」「ハの字を加ふるもの」「ノの字を加ふるもの」「モの字を加ふるもの」「文字を加へざるもの」「ヨの字を加ふるもの」の六体に分れる。第二格は、「名詞の互の関係を示し、或は物主と物品との関係を示すもの」（連体格に相当する）で、「ノの字を加ふるもの」「ガの字を加ふるもの」「文字を配合せざるもの」「ツの字を加ふるもの」の四体に分れる。第三格は「文中主賓の外猶作用に関係したる標目を示すもの」（連用格に相当する）で、「ニの字を加ふるもの」「ニテの字を加ふるもの」「への字を加ふるもの」の三体に分れる。第四格（連用格に相当する）は「文主即第一格の作用の直に及達事物を示す」もので、「ヲの字を加ふるもの」「ヲモの字を加ふるもの」の二体に分れる。

(27)　しかし、助詞の重要性を認めないわけではなく、「我国語の万国に勝れたるは、此テ　ニ　ヲ　ハを名詞に配当するを以てなり。」と述べている。

(28)　明治四年刊の中金正衡『大倭語学手引草』は、「実名詞・形容詞・代名詞・動詞・分詞・副詞・接続詞・感嘆詞・後置詞」の九品詞を挙げる（古田東朔「中金正衡の『大倭語学手引草』」『鶴久教授退官記念国語学論集』平成五年（一九九三））。

同様に西洋文典の日本語への適用である。(29)

馬場辰猪《ばばたつゐ》(30)『日本文典初歩』（明治六年〈一九七三〉ロンドン刊）は英文であるが、口語を対象にした初めての文法書である。

(29)　相違点として、「名詞・代名詞・形容詞・動詞・副詞・後詞・接続詞・感嘆詞」の八品詞を立てることが挙げられる。助詞等に当る「後詞」を設けている。

(30)　原著名 Elementary Grammar of the Japanese Language　森有礼の日本語は不完全だから英語と取り替えるべしという意見に反対して、外国人向けに日本語に文法体系が存在することを示すために著された書。英文法の文法範疇に従っている。『国語学大系』第二巻に影印が収められている。

20　明治以後の研究

大槻文彦の『語法指南』『広日本文典』　前代の日本人による文法研究と、西洋文典（英語文典）の体系を組合わせたものが、大槻文彦の研究である。[1]『語法指南』は、もともと辞書『言海』（明治二十二—二十四年刊）に付載されたものであるが、明治二十三年単行本としても刊行された。構成は、品詞を、名詞、動詞、形容詞、助動詞、副詞、接続詞、天爾遠波、感動詞の八品詞として順に論じ、次いで接頭語、接尾語等を論じている。田中義廉『小学日本文典』と比較すると、助動詞、天爾遠波（助詞）を品詞と認め、「分詞」を除き、より日本語に適した品詞分類になっている。各品詞の論においても、動詞の法の項で「分詞法」「接続法」を立てるなど、直訳的な部分もあるが、名詞に格を認めず、動詞の活用・形容詞については従来の国内のすぐれた研究を継承し、助動詞を重視して使役、受身、能力、指定、打消、過去・未来、推量、詠嘆、希望、比況と、現代の分類に近い分類を施していることなど、西

(1)　弘化四年（一八四七）—昭和三年（一九二八）

洋文典を参考にして、日本語の文法を組織立てたものと言える。明治三十年刊行の『広日本文典・別記』は『語法指南』に基づく「単語篇」[2]と並んで、シンタックスを扱う「文章篇」を設けて論じた点が新しい。西洋文典の直訳ではあるが初めて「文」を定義し[3]、「主語」「説明語」「客語」「修飾語」によって文がどのように構成されるかを論じ、連文節に類似した「主部」「説明部」「客部」を認めるなど[4]、西洋文典の影響を受けた近代文法研究として初めて構文論を取上げているのである。

山田孝雄の文法論　山田孝雄[5]の最初の体系的文法論の著述は『日本文法論』[6]である。江戸時代の研究成果を受け継ぎ、論理学・心理学を援用し、外国の言語理論も参照しながら、独自の文法理論を樹立した。これを基礎としさらに修訂したのが、『日本文法学概論』[7]である。

「語論」では、語を「概念語」（体言の類）、「陳述語」[8]（用言の類）、「副用語」（副詞の類、感動詞・接続詞も含む）、「関係語」（助詞の類）の四種に分類する。[9]いわゆる助動詞の大部分は用言の語尾として「複語尾」とする。助

（2）術語は大きく異なる。『語法指南』（『日本語文法研究書大成』2）の北原保雄解説参照。なお、「別記」は文典の所説を例証解説したものである。

（3）「主語ト説明語トヲ具シタルハ、文ナリ、文ニハ、必ズ、主語ト説明語トアルヲ要ス。」と定義する。

（4）たとえば、「熾《サカ》りなる火は、濡れたる物を、忽に乾かす。」という文で、「熾りなる火は」が、主部「濡れたる」が修飾語、「物を」が客語、「濡れたる物を」が客部、「忽に」が修飾語、「乾かす」が説明部である。

（5）明治六年（一八七三）―昭和三十三年（一九五八）

（6）明治三十五年（一九〇二）一部刊行、同四十一年全部刊行。

（7）昭和十一年（一九三六）刊

（8）「形式用言」（断定の助動詞「なり」「たり」等）も含む。

（9）厳密には、まず語を関係語（助詞の類）と「観念語」に分け、「観念語」を「自用語」と「副用語」に分け、さらに「自用語」を「概念語」（体言の類）と「陳述語」（用言の類）に分ける。これは、富士谷成章の「名」「装」「挿頭」「脚結」の四分類に類似する。

詞は、格助詞、副助詞、係助詞、終助詞、間投助詞、接続助詞に分類される。

「句論」では、文の成立には「統覚作用」[10]が必要であるとし、その「統覚作用」が言語に表されるものを「陳述」[11]と呼び、「陳述」は用言に備わっているとした。[12]文・句の成分としての語の働きには、「呼格・述格・主格・賓格・補格・連体格・修飾格」の七種を立て、「用言の根本的用法は述格に存し、体言の根本的用法は呼格に存す」として、「述体の句」と「喚体の句」とを分ける。述体の句は、いわゆる普通の文で、説明体・疑問体・命令体に三分類され、「妙なる笛の音かな」のような喚体の句は希望喚体と感動喚体に分類される。

山田文法は、その体系性とともに、言語事実の分析にもすぐれており、現代まで生き続けている。

松下大三郎の文法論　松下大三郎[13]の『日本俗語文典』[14]は、日本で最初の口語を対象にした特色ある文法書であるが、彼の本格的文法論は『改撰標準日本文法』[15]である。

その特色は、まず「原辞」「詞」「断句」の分類である。

(10)　思想の統合作用のことで、一つの思想には一つの統合点があるという考え方である。

(11)　その内容は、論理学でいう「コピュラ」に相当するもので、「主位観念」と「賓位観念」を統一するものとする。

(12)　山田文法における「句」とは「文」に相当するが、一つの句が一つの文になる場合もあり、複数の句が一つの文になる場合もあるとする。

(13)　明治十一年（一八七八）―昭和十年（一九三五）

(14)　明治三十四年刊。明治三十年に国学院に卒業論文として提出した『俗語文典』に手を加え、明治三十二年十一月から雑誌『国文学界』に一年半にわたり連載したものをまとめたもの。これを発展させたものが『標準日本口語法』（昭和五年刊）である。

(15)　大正十三年（一九二四）刊の『標準日本文法』を改訂して昭和三年刊行。さらに若干の修正を加えたものを昭和五年に刊行し、これを「昭和五年訂正版」とした。

「原辞」は「詞」を構成する要素であり、[16]「詞」は「断句」の成分であり、「断句」は文に相当する。特に注目すべきは「詞」で、これは西洋文法の word と同等の単位として設定されたものであるが、他の文法論における「単語」と異なり、文を構成するものであるとした。たとえば「風が吹く」という「断句」で、「風が」「吹く」はそれぞれ一つの「詞」となる。[17]従って助詞・助動詞の類は「詞」ではなく、「原辞」である。「詞」は、名詞・動詞・副詞・副体詞、感動詞に品詞分類され、それぞれはさらに細かく分類される。[18]「詞」の「相」の論は松下文法独特のものであるが、特に「尊称」[19]という「相」を立て、敬語法を文法体系の中に位置づけている点が注目される。動詞の「相」の中の「既然態」の研究[20]は、アスペクト論であり、極めて先駆的な研究である。「断句」に関しては、「花は咲いた」の類を「有題断句」とし、「花が咲いた」の類を「無題断句」とするのは、やはり「は」と「が」の問題についての先駆的研究と言える。[21]

松下文法は、その用語の難解さなどから理解され難い面

(16)　単独で一つの「詞」を構成する「花」「月」「行く」「帰る」等の類（「完辞」）と、単独では一つの「詞」を構成しない「鉛」「筆」（「鉛筆」の構成要素）等や「が」「を」「なり」「べし」等の類（「不完辞」）に分けられる。

(17)　「春の風が吹く」という文では、「春の風が」を「連詞」とする。

(18)　ほぼ現行の「連体詞」に相当する。

(19)　名詞に関しては、「自体尊称」（「太郎君」の類）・「所有尊称」（「お心」の類）・「主体尊称」（「仰せ」の類）・「客体尊称（「拝謁」の類）の四種、動詞に関しては、「主体尊称」（「お笑いになる」の類）・「客体尊称」（「差上げる」の類）・「所有尊称」（「あの方はお利口です」の類）・「支配尊称」（「侍り」の類、文語のみ）・「対者尊称」（「ます」「です」、口語のみ）の五種に分類される。

(20)　「既然態は運動性の動作動詞に属する一相であって其の表す動作の全部又は一部の行はれた後に於ける其の動作の効果を表すものである」とし、「門燈が消えている」「門燈が消してある」の類を「既然態」、「歩いている」「泣いている」の類を「半既然」「進行態」とする。

(21)　「有題断句とは判断の対象の概念を提示して之を判定した断定を表すもので、無題断句とは判断の対象の概念を提示せずに判定した断定を表すものである。故に有題断句には必ず題目語が有る。」とする。

があったが、右のような現代の文法研究テーマと直接関連するものもあり、近年再評価されて来ている。

橋本進吉の文法論

橋本進吉[22]の文法は、言語の形式の面に基づいた文法論であることに特徴がある。その文法論は、『国語法要説』[23]『国文法体系論』[24]にみられる。「文」の定義も、「文は音の連続である」「文の前後には必ず音の切れ目がある」「文の終りには特殊な音調が加わる」という、完全に形式的なものである。その文法論の眼目は「文節」という単位を立てたことである。文を分解して得られる単位、文を構成する単位である「文節」は、「実際の言語に於いては、その前と後に音の切れ目をおくことが出来る」という最大の特徴によって、きわめて分りよいものであった。文節は、さらに「意味を有する言語単位に分解することが出来る」として、「単語」が認定される。「単語」は、それだけで文節を構成することが出来る「自立語」、それだけで文節を構成することが出来ない「付属語」に分かれる。品詞分類は、文や文節を構成する上での形式的な特徴に基づいて、自立語は、動詞、形容詞、体言（名詞・代名

(22)　明治十五年（一八八二）－昭和二十年（一九四五）
(23)　昭和九年（一九三四）刊
(24)　著者の東京大学での自筆講義案の一部。昭和三十四年（一九五九）刊。

詞・数詞）、副詞、副体詞、接続詞、感動詞に、付属語は、助動詞、助詞に分類される。(25)

文が文節によってどのように構成されるか、という点に関して、橋本は「連文節」という概念を提示し、「二つ以上の文節が結合して、意味上あるまとまりを有すると見られるもの」とし、実際の文は、多くの文節が連文節となり、文を構成すると考えた。しかし、文の構成は意味抜きでは考えられず、形式重視の橋本の文法は、その点で成功していない。

橋本の文法は、文部省『中等文法』に、代名詞・数詞を名詞に含め、形容動詞を加え（「副体詞」は「連体詞」とする）十品詞とした形で受け継がれ、学校文法として普及した。

(25)　『国語法要説』による。自立語のうち、〈活用するもの・単独で述語となるもの〉について、〈命令形のあるもの〉を動詞、〈命令形のないもの〉を形容詞とする。〈活用しないもの〉については、〈主語となるもの〉を体言、〈主語とならないもの〉をさらに〈修飾接続するもの〉（副用語）と〈修飾接続しないもの〉に分け、〈修飾接続しないもの〉を感動詞とする。〈修飾接続するもの〉は〈修飾するもの〉と〈接続するもの〉に分け、〈接続するもの〉を接続詞とする。〈修飾するもの〉のうち、〈用言を修飾するもの〉を副詞、〈体言を修飾するもの〉を副体詞（連体詞）とする。橋本は後に「形容動詞」を認めるが、この分類ではまだ考えられていない。

VII　語意研究

21　漢和辞書より国語辞書へ

音義と辞書　平安時代の学問の源泉は、すべて漢文文献であった。その漢文を読解し、研究するためには、漢字漢語の発音、意味を知らなければならない。そのためには、中国で作られた当該文献に用いられる漢字についての注釈書（「音義」と呼ばれる）が利用されたが、それにならったものが日本でも作られるようになった。日本で作られた音義のうち最も古いものは『新訳華厳経音義私記』(1)であるが、ほかに『大般若経音義』(2)『法華経音義』(3)などがある。

広く一般的に漢字漢語を読解し研究するためには、当然のことながら辞書が必要であった。その辞書も最初は中国からもたらされた『玉篇』(4)『切韻』(5)等が利用されたが、次第に日本でもそれにならった辞書が作られ、さらに日本独

(1)　延暦十三年（七九四）の識語については問題があり、字体などから奈良時代の書写と認めようとする説もある。唐の慧苑《えをん》の『華厳経音義』を土台にし辞書なども参考にして成立したもので、取上げられた漢字の相当数に和訓が付されている。次の例は、華厳経中に用いられる「被甲」という語句を取上げたものである。

被甲 上加也云加於身也甲可夫刀

「被」の字の意味は「加」であり、ここでの具体的な意味は「加於身也」であるとし、「甲」の和訓「可夫刀《カフト》」を示している。

(2)　『大般若経』は、六〇〇部に及ぶ大部の経典であり、日本では古くから広く読誦され、また研究されて、いくつもの音義が作られた。中で、藤原公任（康保三年〈九六六〉―長久二年〈一〇四一〉）の『大般若経字抄』は、次のように取上げた漢字に片仮名で和訓を付している。

抑 音億　ヲサフ

「億」は「抑」字の「オク」という音を示したもの。
築島裕『大般若経音義の研究』昭和五十二年（一九七七）

(3)　『法華経』（『妙法蓮華経』）は、大乗経典の代表的なものであり、特に法相宗、天台宗などでよく読まれ、数多くの音義が作られた。築島裕「法華経音義について」（『本邦辞書史論叢』昭和四十二年〈一九六七〉）
なお、音義書を集めたものに『古辞書音義集成』二十巻

特の漢字に音と和訓を記した辞書が作られるようになった。これは日本人が漢字の意味を正確に理解し、それに相当する和語を宛てることが出来たこと、それが固定化して「訓」が成立したことによるものであって、日本人の漢字漢語に関する研究の成果と考えられる。

現存する日本人作の最古の辞書は、空海[6]の著した[7]『篆隷《てんれい》万象名義《ばんしやうみやうぎ》』であるが、これは和訓つまり和語を全く載せていない。漢字に和訓を付した平安時代前期の辞書としては、『新撰字鏡』と『和(倭)名類聚抄(鈔)』がある。後期には『類聚名義抄』『色葉字類抄』が編まれた。

『新撰字鏡』　僧昌住[8]の撰。序文によると、寛平四年(八九二)に三巻として完成したが、昌泰年中(八九八―九〇一)に増補して十二巻としたという。三巻本については古写本が知られていない。収載された約二一〇〇〇の漢字のうち約一六〇〇〇字については、部首によって排列し、各字に音、意義を記すが、それらは唐の玄応の[9]『一切経音義』、『玉篇』『切韻』等に基づいたものである。さらに約三七〇〇の和訓が万葉仮名によって記されているのが

がある。

(4)　六朝の梁の大同九年(五四三)に顧野王によって作られた辞書。中国では散逸してしまったが、日本では各所に残巻が伝わっており、復元の研究が進められている。一六九一七字の漢字を部首別に排列し、各字について、発音、『説文解字』(中国最古の辞書)の該当部分の引用、経典における用例を掲げ、適宜注釈を加える。
岡井慎吾『玉篇の研究』(昭和八年〈一九三三〉)
馬渕和夫『玉篇佚文補正』(昭和二十七年〈一九五二〉)

(5)　隋の仁寿元年(六〇一)成立の韻書、陸法言撰。原本は残されていないが、世界各所に残巻がある。一万数千字の漢字を四声に分かち、各声を韻に分かち、同韻字は頭子音別に排列し、各字について発音、意味を記している。残巻・佚文を集めたものに左の諸本がある。
『十韻彙編』(一九三六)
姜亮夫『瀛涯敦煌韻輯』(一九四二)
上田正『切韻逸文の研究』(昭和五十九年〈一九八四〉)

(6)　宝亀五年(七七四)―承和二年(八三五)

(7)　別名『篆隷字書』。三〇巻、六帖であるが、空海の撰したのは、四帖までではないかとされる。一六二〇〇字余りの漢字を部首排列し、それに反切(漢字二字で一漢字の音を表す中国特有の方法)によって表した音と漢文による訓義(意味)を記したもの。

(8)　伝未詳

(9)　「一切経」すなわちすべての仏教の経典の中から字

特筆すべき点で、日本に現存する最古の漢和辞書となっている。次の例は「黛」字に和訓で「万与加支《マヨカキ》」を付している。

　黛　徒載反徒代二反去　屑―青黒色也婦人餝眉黒色也
　　万与加支

『和名類聚抄《わみやうるいじゅせう》』　源《みなもとの》(10)　順《したがふ》が醍醐天皇の皇女勤子(11)内親王の命によって撰進した書。序文に醍醐天皇を「先帝」と呼ぶ点から、その成立は醍醐天皇没年から勤子内親王没年の間、すなわち承平年間（九三一―九三八）と考えられる。十巻本と二十巻本との二種の伝本があり、その先後関(12)係については説が定まっていない。十巻本は二六〇〇余、二十巻本は三三〇〇余の漢語を収載している。その漢語は、意味によって分類排列され、掲出された漢語については、出典名、発音、漢文による意味の注釈を記し、その漢語に当る和語の名詞を多くの場合「和名」(13)として万葉仮名によって記している。たとえば次のごとくである。

　(14)妹　爾雅云女子後生為妹〔昧反和名伊毛宇止〕

具体的な分類は、まず「人倫部」「飲食部」「草木部」な

句を抜出して音と意味を注した書。玄応の『一切経音義』は奈良時代にすでに日本に伝来し、正倉院などに残欠本がある。

(10)　延喜十一年（九一一）―永観元年（九八三）　歌人、文人、学者。源挙《こぞる》の子であるが、祖父源至《いたる》は勤子内親王の祖父源唱《となふ》の兄にあたる。

(11)　本書序文に、寵愛された父帝の没後閉じこもって書を読むことに慰めを見出していた皇女から「汝かの数家の善説を集めて我をして文に臨みて疑ふ所無からしめよ」（原文「汝集彼数家之善説令我臨文無所疑焉」）と命ぜられたことを述べる。本書の性格等については、阪倉篤義「倭名類聚抄解題」（京都大学文学部国語学国文学研究室編『諸本集成　倭名類聚抄』（昭和四十三年〈一九六八〉）がわかりやすい。なお、和訓に声点を附したものもあり、馬渕和夫『和名類聚抄古写本声点本本文および索引』（昭和四十八年〈一九七三〉）がある。

(12)　江戸時代、狩谷棭斎は『箋注倭名類聚抄』を著し、十巻本を原形とする考証の結果を示したが、近年の研究では図書寮本『類聚名義抄』や前田家本『色葉字類抄』などの古い時代の文献に引用されている『和名類聚抄』は、いずれも二十巻本系であることが指摘されている。おそらく源順が若年の頃編纂した十巻本を晩年になって増補して二十巻本にしたのだろうと考えられる。

(13)　他に、「壮士　日本私記云壮士〔太介木比止〕」のように「和名」としない場合もあり、また「俗云」とした場合もある。

どの「部」に分類し（十巻本は二十四部、二十巻本は三十二部）、それをさらに「人倫部」を「男女類」「老幼類」「工商類」というように下位の「類」（十巻本は一二八類、二十巻本は二四九類）に分類している。これは中国の『芸文類聚』等の分類体古辞書（類書）の分類に学んだものと考えられる。[15] 結果としてこの辞書は、いわば平安時代の名詞についての「分類語彙表」と百科事典を兼ねるような性格を持つことになった。広く利用され、後代に大きな影響を及ぼした。

『類聚《るいじゅ》名義抄《みやうぎせう》』　漢字を部首によって分類排列し、発音、意味、出典、和訓等を記した辞書。特に非常に多くの和訓を載せているのが特徴で、日本で最初の本格的漢和辞書である。原本系と改編本系の二系統の伝本があり、両者の間には大きな違いがある。[16]

原本系の成立は十一・二世紀の交と推定されるが、伝本は、[17]宮内庁書陵部の蔵本（「図書寮本」と呼ばれる）一帖（分量として全体の約二割程度）が知られるのみである。そこに引用される仏典の大部分が法相宗関係の書なので、

（14）　二十巻本巻二、人倫部。「妹」について中国の辞書『爾雅』の釈義を引き、発音を同音漢字の「昧」で示し、和名「イモウト」を記す。

（15）　築島裕「古辞書における意義分類の基準」（『品詞別日本文法講座』10、昭和四十八年〈一九七三〉）

（16）　この二系統の伝本についての文献学的研究に、望月郁子『類聚名義抄の文献学的研究』（平成四年〈一九九二〉）がある。

（17）　影印本として『図書寮本類聚名義抄』がある。

編者は法相宗の僧と考えられている。

標出語は、三六〇〇語余であるが、その四分の三は熟語である。二〇〇〇余りの和訓は、ほとんどその出典が明記されており、訓点本からの和訓の集大成と言える。和訓は片仮名あるいは万葉仮名で記されるが、随所に朱筆で声点が付されており、平安時代末期の京都語のアクセントを解明する鍵となっている。

各漢字・熟語について、発音、意味、和訓を記している。次の例のごとくである。（略字は通行字に直して示す）

渡(18)　音度　中云渉水也　真云越水也　玉云済也過也玄也　ワタル詩

改編本は、平安時代末期あるいは鎌倉時代初期に抜本的に改編されたものである。伝本としては、観智院本(19)、高山寺本(20)等がある。熟語よりも単字を主として標出語を増やし、中国古辞書の引用を除き、和訓はすべて片仮名表記で、その数も増加している。その結果、漢字に音を記し、和訓を載せるという、特定の文献に依拠しない、一般的な漢和辞書として簡明な形態になっている。次の例のごとくであ

(18)　最初に音が「度」であることを示し、次に参照した中国の辞書類の記す意味「渉水」「越水」「済」「過」「玄」を載せる。「中」「真」「玉」は引用辞書類の名であるが、「玉」は「玉篇」を指し、「真」は「真興音義」かとされる。次いで和訓「ワタル」とその和訓の出典が「詩経」の訓であることを示している。ワとタに上声の声点が付され、その部分のアクセントが高であることを表している。

(19)　天理図書館所蔵。もと京都の東寺観智院に伝わったので、この名がある。本文は、仏上・仏中・仏下本・仏下末・法上・法中・法下・僧上・僧中・僧下の十帖から成り、この書の唯一の完本で、鎌倉時代の写本である。『天理図書館善本叢書』等に影印がある。

(20)　天理図書館所蔵。もと高山寺所蔵なので、この名がある。観智院本の「仏上」「仏中」にあたる一帖のみである。『天理図書館善本叢書』に影印がある。

る。

渡　音度　ワタリ　ワタル　ホトリ

和訓は約四万に上り、そのうち約一万には声点が付され、清濁の別を示すとともに、図書寮本のそれと併せて、アクセント研究の絶好の資料となっている。平安時代末期の京都方言のアクセントは、この書の声点によって明らかになったのである。

『色葉字類抄』　和語・漢語を、その第一音節によって分けていろは(21)四十七字の部に収め、その中を意味(22)によって分類排列し、その語を表記すべき漢字を記した書。二重分類であるが、漢字でなく日本語（和語・漢語）を、まず第一には発音によって排列した最初(23)の国語辞書と言える。橘(24)忠兼編で、二巻本、三巻本がある（鎌倉時代初期成立と見られる十巻本は通常『伊呂波字類抄』と表記される）。二(25)巻本が原形で、三(26)巻本はそれを増補整理したものとみられる。

従来の辞書が漢字・漢文の読解・研究のためのものであったのに対し、本書は日本人が漢字・漢文(27)を書くにあたっ

(21)　当時同音になっていた「お」と「を」を第一音節とする語は、アクセントによって区別排列されている。第一音節が低平調の語は「お」の部、高平調の語は「を」に分類される。

(22)　天象・地儀・植物・動物・人倫・人体・人事・飲食・雑物・光彩・方角・員数・辞字・重点・畳字・諸社・諸寺・国郡・官職・姓氏・名字の二十一項に分けられている。

　この意義分類については、天理図書館蔵『韻書集』との類似、『和名類聚抄』との何等かの関連等が指摘されている。築島裕「古辞書における意義分類の基準」（『品詞別日本文法講座』10）

(23)　『世俗字類抄』『節用文字』も本書と同系統の辞書である。

(24)　伝未詳

(25)　伝本として、尊経閣文庫蔵本があり、「古辞書叢刊」5に影印されている。

(26)　影印本に次のものがある。

尊経閣叢刊（中巻と下巻一部を欠く）―『色葉字類抄』
黒川本―『色葉字類抄』（古典保存会）
尊経閣本・黒川本―中田祝夫・峰岸明『色葉字類抄研究並びに総合索引』（昭和三十九年〈一九六四〉）
『尊經閣蔵三巻本色葉字類抄 單』（太田晶二郎解説、昭和五十九年〈一九八四〉）

て、字・語の正しい表記を求め、確認するための辞書である。具体的には、漢字表記された語（和語・漢語とも）を掲出し、読みを記し、時に意味用法を記している。

(28)祈《イノル》禱願呪祠賽闚視峙祝已上同　祝《シウ》《イハフ》崇祭神也榮掲已上同

(29)陰・晴《クモルハル》《インセイ》天部　陰・雲《インウン》同　淫・雨《インウ》五月已上雨也　幽・天《イウテン》冬天

遊糸《イウシ》春空毛

十巻本の『伊呂波字類抄』は、大幅に増補されたもので(30)あり、中世においては広く行われた。

本書の第一にいろは順による分類、第二に意義による分類という方法は、後の『節用集』などの国語辞書に大きな影響を与えた。

(27)　日常実用の漢字文、すなわち男性日記・記録文などの日本風に変化した漢文（変体漢文）・漢字片仮名交じり文作成に役立たせることが主要な目的であったと見られるが、漢詩文の用字・用語にまで及んでいる。

(28)　イ部「辞字」の例。「イノル」という語を表記するのに用い得る漢字を九字並べ、次に「イハフ」を表記するのに用い得る漢字を四字並べている。「祝」字には音「シウ」を記し、「崇」字には神を祭る際に用いる字であることを注する。

(29)　イ部の「畳字」の例。「インセイ」「インウ」などの漢語の音に相当する漢字表記が記される。「陰晴《クモルハル》」のように訓が付記される場合もある。「五月已上雨」（五箇月以上続く長雨の意）、「春空毛」は意味の注記である。「畳字」は例示したように漢語が多いが、「如何《イカン》」「好色《イロコノミ》」など、和語も含まれる。

(30)　特に諸社・諸寺・国郡・官職・姓氏・名字などの部で著しく増補されている。

22　中世の諸辞書

語源・語義研究の始まりと国語辞書の盛行

前代の辞書が中国文献の影響を受けて漢字を主体にしたものであったのに対し、中世初期には、日本語の語彙についてその語源や語義を独自に研究することが行われるようになった。日本最初の語源辞書として『名語記《みやうごき》』があり、語源、語義の辞書として『塵袋《ちりぶくろ》』が作られ、後にこれにならった『壒嚢抄《あいなうせう》』も編まれた。日本語の語彙を日本語の文章で説明する辞書が現われたのである。また、『源氏物語』の注釈の集成『仙源抄』[1]は、和語を対象とした辞書である。

書記行為が一部の階層のものでなくなり、漢字がより多くの人々によって実際に使用されるようになったことに伴って、語の漢字表記を求める辞書の必要性も高まり、様々な種類の多くの国語辞書が盛んに行われた。『色葉字類抄』[2]系の発音・意義による排列のものに各種『節用集』『温故知新書』等があり、『和名類聚抄』系の意義分類によるものには『下学集』[3]がある。『類聚名義抄』系の部首排列の

（1）　長慶天皇（興国四年〈一三四三〉―応永元年〈一三九四〉）著。『源氏物語』の語をいろは順に排列し、注釈を加えるが、「世俗」の語と対照させている場合もあり、興味深い。本書36ページ参照。

いかき　辛。カラキ也。忿怒の心。六条御息所付給時、夢中ニタケクイカキヒタブルト有。愚案、イカ〳〵シキナド世俗ニ云言歟。

（2）　大伴広公著。語を五十音順に分類し、次いで意義分類を施している。最古の五十音順の辞書である。あ、い、うなど各部の標示は梵字を用いているが、これは五十音図が悉曇と関係の深いものであることによるのであろう。

（3）　他にいろは順のみで意義分類のないものに『運歩色葉集』があり、漢字を声調（中国語の漢字のアクセント）によって分類した『平他字類抄』等がある。

漢和辞書としては『倭《わ》(和)玉篇《ごくへん》』[4]等がある。

『**名語記**』　語源辞書。序文及び北条実時の奥書によれば、経尊[5]著で、建治元年（一二七五）実時に献上されたものである。全十巻であるが、巻一は現存しない。[6]取上げる語をまずその語の音節数によって「一字名語」（巻二）「二字名語」（巻三—六）「三字名語」（巻七—八）「四字名語」（巻九）「五字名語」（巻十）に分類し、それぞれを第一音節について、いろは順に分類排列し、「二字名語」については第二音節についてもいろは順に排列している。[7]語を項目として立てるのではなく、各条問答体で「……如何」と問い、それに答える形式で、漢字片仮名交じり文で書かれている。次のごとくである。

鳥[8]ノハネヲハトイヘリ如何　ハ、羽也　ヒラノ反　平ノ心也　又云　フラノ反　フラ〱トヘハ也　又云　フタノ反　両方アレハ也（巻二）

このように、ある事物をある語で表現するのは何故かという問に対し、ほとんどの場合、その事物の性質や形状を表す語の発音から説明するという方式である。その説明の

（4）　室町時代初期成立。漢和字書。漢字に片仮名で音（時に漢字を用いる）、訓を注したもの。中国の『大広《だいこう》益会《えきかい》玉篇《ぎょくへん》』（漢字字書、北宋の陳彭年等編）にならったものとされる。

北恭昭『倭玉篇五本和訓集成』

（5）　経尊の経歴等は未詳。自序、実時の奥書によれば、「稲荷山」に住む「法橋」の位を持つ僧である。建治元年（一二七五）の頃、すでに老人であった。

（6）　原本は個人蔵だが、著者自筆本とされ、重要文化財である。

田山方南校閲・北野克写『名語記』（昭和五十八年〈一九八三〉）

本書全般については、右の書にも付載されている次の論考に詳しい。

岡田希雄「鎌倉期の語源辞書名語記十帖に就いて」（『国語国文』昭和十年十—十二月）

（7）　たとえば「ト」の項では、「トイ」「トロ」「トハ」「トニ」「トホ」の順で語を取上げている。

（8）　鳥の羽《はね》を羽《は》というのは何故かという問に対し、まず羽は平べったいものだから「ヒラ」で、その「反」が「ハ」なのだという。「反」は本来中国で漢字の音を示す方式の一つ（本書18ページ参照）。ここではそれを日本語の発音の説明に応用したもので、「ヒ」の子音と「ラ」の母音を合せると「ハ」になるということを説いている。また、鳥はふらふらと飛ぶものであるから、

仕方には、右のような「反」（「反《かえ》ス」「反ル」とも）によるものが最も多いが、他に「堅通」(9)「同韻」(10)「略」(11)等がある。これら発音による説明は、現在から見れば到底語源説と言えないものがほとんどである。(12)

発音によらない説明もあり、この場合は正しいと考えられるものも多い。

蟬の異名ニヒクラシ如何　コレハユフヘニナケハヒクラシト云也（巻九）

問　器物ノヒキレ如何　答　引入トカケリ　重々イレコニヒキカサヌレハ也（巻八）

問　国王ノ御坐セル所ヲミヤトナツク如何　答　ミヤハ御屋也　宮ニツクレリ　皇居ノ事也　神ノ社コレニ准セリ（巻六）

注意すべきは、語源を説いているのは和語に限られることで、漢語についてはその旨述べて語源に触れない。著者の見識が窺われる。次のような場合である。

前栽ノ菊如何　キクハ音ノヨミヲ本トセリ　カヤウノ事例オホシ　蘭モコヱノヨミヲモチヰタリ（巻六）

「フラ」が同様に「ハ」となったとも言えるし、鳥の羽は二つあるものだから「フタ」が「ハ」になったとも言えるとする。

(9)「木ヲコトツカヘリ　如何　コレハ反ニハ非ス　五音ノ堅通シテキカコトイハル、也」のような類である。ア行・カ行など五十音図の各行の音（堅の音）は相通ずるということを言う。

(10) ア列・イ列など五十音図の各列の音は相通ずるという説。「卅日ハミトカトイフヘキヲ舌ツキテイヒニクケレハ同韻ノソニウツリテミソカトハイハル、也」（巻十）の類である。

(11) 音を省略したということである。「問　蓮ノ字ヲハストイヘリ如何　答　コレハハチストヨメル字也……ハチスヲ略シテハストハイヘルニコソ」（巻二）の類である。

(12)「反ル」を用いた語源説で成り立ち得るものが皆無ではない。次は合理的な説明の例である。

問　頭ヲモタク如何　答　モテアクノ中ノテア反リテタ也　引合トモタク也（巻八）

問　キイトイヘル如何　答　奇異ハ畳字也[13]　反ニ非ス
（巻六）

日本で最初の語源辞書として注目されるものであり、何よりも日本語の文章でこれだけ多くの語彙に説明を加えている点で画期的な書である。

『塵袋』『壒嚢抄』　『塵袋』[14]は、事物の起源、語源、語義等を問答形式によって説く。漢字片仮名交じり文である。語義を考える場合、古い文献[15]を引用し、それを根拠とする方法をとる場合が多い。

[16]清廉《セイレン》ト云フ。本意ハ如何
楚辞《ノ》注《ニ》曰不《ザルヲ》レ受《ウケ》曰レ廉《ト》云ヘリ。賄賂《ワイロ》トラヌヲ云也（第十一）

著者自身で語義を考えている場合もある。次の例など語義の重要な点に着目している。

[17]ハブクトハ。ヒキワタス心歟。
ハブクトハ小《スクナキ》也。省略トモニハブクナリ。アマタニヒキワタシテハブクト云モ、スクナキユヘニ、サリトテハトテスコシヅヽ、ニワクルヲイフ。多ヲヒクヲバ、ハ

(13)　漢語の熟語の意。
(14)　文永・弘安（一二六四―一二八八）の頃の成立。著者は未詳。岡田希雄は釈良胤（号大円）とする。山崎誠編『印融自筆本 重要文化財 塵袋とその研究』（平成十年〈一九九八〉）
(15)　参照している文献は、『日本書紀』『万葉集』等の日本の文献、『論語』『文選』等多くの中国文献である。
(16)　この場合は、「清廉」という語の意義を明らかにするための根拠に、『楚辞』（楚の屈原の辞賦等を集めた書）の注を引用しているのである。
(17)　「はぶく」とは、全体の中から少し除くことを言うのであって、多く除くのは「はぶく」ではないとする。語義を正しく把握している。

ブクトハイハズ。（第十）

『壒囊抄』[18]は『塵袋』にならって編集されたもので、より百科事典的性格が強い。語源、語義を説く際に先行文献を典拠にする点は『塵袋』と同様であるが、特にその語をどう漢字表記するかを問題にすることが多いのが特徴である。日常語についてもその漢字表記によって意味を確認しているのである。

十二月[19]ヲシハスト云何事ソ文字如何ン　師走月ト書シハス月トヨム　又ハ師来月共書也　諸寺諸山ノ師僧檀主ノ許へ年中ノ祈禱ノ巻数ヲ捧ケテ来ル故也　月迫ノ態ナレハイソガハシク走廻ル心也（巻一、八十二）

物ヲヘギトル、ヘクヘヅルナント云ハ何事ソ　耗《モウ》ノ字ヲヘクトヨム。折《セツ》ノ字ヲ、ヘヅルト読ム也。ヘグモヘヅルモ心ハ同事也　日本記ニ新羅ノ国ニ折《ヘツレル》ト侍ベリ。（巻三、十四）

この両辞書は合わせて編集され、『塵添壒囊抄《ぢんてんあいなうせう》』[20]として広く利用された。

『節用集』[21]　最初の「節用集」は十五[22]世紀末には成立

(18)　文安二年（一四四五）―三年成立。著者は京都観勝寺の僧、行誉。書名の「壒」は〈ちり〉、「囊」は〈ふくろ〉の意である。

(19)　「師走」の語源を述べる。十二月に、特に年末が差し迫ると、諸寺の「師僧」すなわち師匠たる僧侶が、一年間読誦した経典等の名を書いた「巻数《かんじゅ》」を持って、各「檀主」すなわち檀家を訪れて走り廻るため、この名があるとする。

(20)　編者は「僧某」というだけで未詳。天文元年（一五三二）成立。構成は、『壒囊抄』に『塵袋』の適当する部分を取り入れ、二十巻に編集したもの。近世に刊行された。

浜田敦・佐竹昭広共編『塵添壒囊抄・壒囊抄』（昭和四十三年〈一九六八〉）

(21)　「節用集」という名の付く辞書は近世においても非常に多いので、中世の「節用集」は「古本節用集」とも呼ばれる。上田万年・橋本進吉『古本節用集の研究』（大正五年〈一九一六〉）。

(22)　明応五年（一四九六）書写の本があることから、そ

していたが、編者等詳しいことは不明である。基本的に語の漢字表記の形を求めるための辞書で、和語・漢語をいろは順に分類し、その後意義によって分類配列したもので、時に意義用法を注している。『色葉字類抄』[23]と同様に書くための辞書という性格を持つが、収載語彙は通俗語を主とする点が異なる。[24]ただし、成立に関わった層は知識層で、本来は知識層の実用書としての性格を持つとされる。[25]その編纂には旧来の諸辞書が関与しているが、特に『下学集』の強い影響が指摘されている。最初は写本で利用されたが、後刊行され、[26]多種多様な写本・刊本が幅広い層で大いに利用されるに至った。

いろは順の排列は、いろは四十七字のうち、同音になっていた「イ」と「ヰ」は「イ」に、「エ」と「ヱ」は「エ」に、「オ」と「ヲ」は「ヲ」に統合されているため、語の第一音節によって四四部に分れている。意義分類は天地（乾坤）・時節（時候）・草木（生殖）・肢体・人倫（人物・人支）・畜類（気形・生類）・財宝（器財）・衣服・飲食・数量・言語（言辞・言語進退）など十数部門に分けら

れ以前の成立であることは確かである。

(23)　本書前半部には、『色葉字類抄』の具体的な影響が指摘されている。

(24)　山田忠雄「節用集と色葉字類抄」（『本邦辞書史論叢』）

橋本進吉は旧来の辞書が「或は古風であつて現代に適せず、或は高尚に過ぎて世俗用には不便」であつたため、その「欠陥を充さんが為にあらはれた通俗辞書」の一つが節用集であるとし、その「目的とする所は、むつかしい詩文を作るに資する為ではなくして、通俗の用を達するに在る」とした。（注(21)所引書）

(25)　知識層の実用という点では、聯句連歌のためという目的もあったとされる。安田章『中世辞書論考』（昭和五十八年〈一九八三〉）参照。

(26)　大幅に増補された特殊なものに『文明本節用集』（『広本節用集』とも）があるが、それ以外の「節用集」は、上田万年・橋本進吉『古本節用集の研究』によれば、冒頭の「イ」の部最初の語によって、①「伊勢」で始まる伊勢本系、②「印度」で始まる印度本系、③「乾《イヌイ》」で始まる乾本系の三つに分類される。本書117ページ掲出の表参照。

亀井孝『五本対照改編節用集』（昭和四十九年〈一九七四〉）

中田祝夫『古本節用集六種研究並びに総合索引』（昭和四十三年〈一九六八〉）

中田祝夫『印度本節用集古本四種研究並びに総合索引』（昭

れることが多いが、諸本によって異なる。(27)

語の注記には当代の語の意味用法・表記・別名などについて記したものが多い。黒本本《くろもとぼん》(28)によって例(29)を挙げる。

辻固《ツシガタメ》　擗固義也

(30)鍛冶《カヂ》　日本世俗読此二字呼作鍛冶音大誤也雖然就錯不可改也

牡丹《ボタン・タンヤ》　花王也、日本云二十日草又云名取草也

これらは、現行の辞書の記述にも通じるもので、日常使用されている語彙の研究の始まりとも言うことができる。

『下学集』　漢語・和語を意義によって十八部門(31)に分類し、各部門内では意味的に関連する項目を続けて排列するという形態である。序文によれば、成立は文安元年（一四四四）、著者は東麓破衲《とうろくはのう》（東山の麓の僧の意）である。(32)『節用集』に比べて求める字を探しにくいが、多くの項目に意味や用例が付されている点に特色がある。各種(33)の写本が行われたが、刊行されたのは遅く、元和三年（一八一七）刊のものが最初である。同本によって例を挙げる。

昊天《カウ》天也　旻天《ビン》秋天　彼蒼《ヒサウ》天也　蒼旻《サウビン》天也　乾坤《ケンコン》天地也

宇宙《ウチウ》《ヲウソラ》太虚也　霄《ソラ》《セウ》　空二字ノ義同シ　金烏《キンウ》日也　（天地門）

和四十九年〈一九七四〉）

中田祝夫『文明本節用集研究並びに索引』（昭和四十五年〈一九七〇〉）

(27)　最も少ないものの一つである天正十八年本は天地・時候・草木・人倫・支体・畜類・財宝・食物・言語進退の九門に分類されている。

(28)　印度本系統に属する。前田育徳会尊経閣文庫蔵。

(29)　諸本によって注記がないものもあり、同様な注記でも少異がある場合が多い。

(30)　「冶」字を「かぢ」の「ぢ」に宛てるのは誤りだが、世間に通用しているので、改めるのは不可能だと言っている。

(31)　天地・時節・神祇・人倫・官位・人名・家屋・気形・支体・態芸・絹布・飲食・器財・草木・彩色・数量・言辞・畳字。

(32)　どんな人物かは不明。建仁寺の僧とする説、東福寺の僧とする説がある。

(33)　中田祝夫・林義雄『古本下学集七種研究並びに総合索引』（昭和四十六年〈一九七一〉）

短慮《タンリョ》　遠慮《エンリョ》論語ニ人トシテ而無キハ遠慮有リ近キ憂《ウレイ》
膽氣《タンキ》　赭面《シャメン》赤面《セキメン》義也　（態芸門）

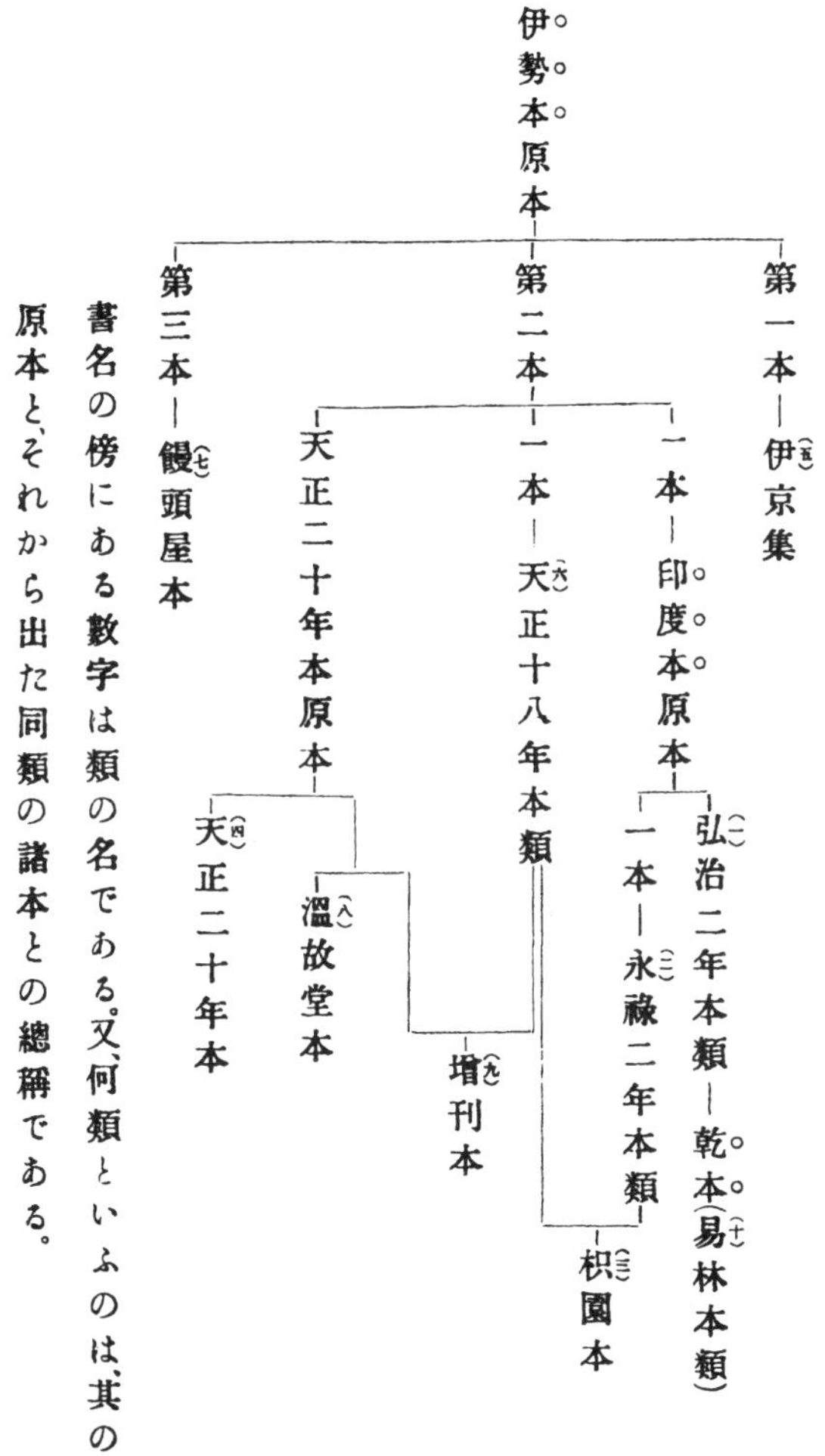

古本節用集諸本系統表
橋本進吉「古本節用集の研究」による。

23　近世の諸辞書

辞書の大衆化と語の雅俗意識の普遍化　辞書は前代よりも一層一般化・大衆化し、印刷文化の隆盛に伴って版本の形で大量に流通し、利用された。内容も、『倭訓栞《わくんのしをり》』『雅言集覧《がげんしふらん》』『俚言集覧《りげんしふらん》』のように、大量の語彙を発音により排列し、語釈を記すという現行の辞書と同様な形の国語辞書が現われた。この時代には、辞書の書名にも明らかなとおり、雅語[1]と俗語という意識が強くなったのが特徴である。古典・文語に用いられる語（雅語）と現実に用いる口語（俗語）との差が明確に意識されたのである。辞書への語の採録にあたってもそのことが意識され、語釈においては、口語では全く用いられない雅語の用法の研究が深化するとともに、同じ語でも雅語と俗語で意味の異なるものがあることにも注意が払われている。雅語についても、上代語と平安時代以降の語を区別する考え方が生れた。[2]これらは、語意の研究の進歩と言えよう。雅語俗語対照の辞書が多く作られたのもこのような風潮によるが、また実用上

（1）「雅語」とは「雅言」ともいい、平安時代の仮名文学に用いられる和語を中心とした優雅で洗練された語と認められていた語を指す。「雅語」は中世以前の用例が知られていないが、「雅言」は中世にも用例がある（「唐ニハ目ノミエヌ者ニ詞書雅言ノコトヲ琴ヲヒイテ曲ニ入テウタワシムルソ」〈玉塵抄、巻五〉）。ヘボンの『和英語林集成』第二版（明治五年〈一八七二〉）には、「GA-GEN, 雅言, (tadashii kotoba), Correct, genteel or classical language」とある。雅言を〈正しい、上品な、古典的なことば〉と解している。

（2）鈴木朖『雅語訳解』では、上代語を「古語」、平安以降の語を「雅語」としている。

（3）賀茂真淵『冠辞考』は、枕詞三〇〇語余りを五十音順に並べ、解説したものである。

（4）本草学は薬物を扱う学問であるが、博物学的要素も含む。中国の本草学の文献は、古くからもたらされたが、近世には日本独自の辞書とも呼べる書物が作られた。貝原益軒『大和本草《やまとほんざう》』（宝永五年〈一七〇八〉自序）、小野蘭山『本草綱目啓蒙《ほんざうかうもくけいもう》』（享和二年〈一八〇二〉自序）等。

（5）本書137ページ以下参照

（6）『真草二行節用集』『永代節用大全無尽蔵』『新刊節

の理由もあった。

また、独自の方法による語源辞書、図版を付した百科事典的性格の辞書が現れたのも注意される。ほかに、歌語の[3]辞書、本草学の[4]辞書、方言辞書など[5]、各種の専門化した特徴ある辞書も行われた。口語に関しての一種の規範辞書である『片言』も、種々の点で注目すべき辞書である。

前代からの漢字表記の形を求めるための辞書「節用集」も、極めて多くの種類が大量に版行され、利用された[6]。これとは異なるが、特色あるものとして国語から主に近世中国語の表記を求めるための辞書『雑字類篇』[7]が挙げられる。

漢和辞書としては、従来の『倭玉篇』系のもののほか、中国の辞書『大広益会玉篇』[8]が日本向きに改編されて出版された。

国語辞書　『倭訓栞』[9]は谷川士清《たにがはことすが》著。前編、中編、後編から成る。五十音順に語を排列し、仮名で見出し語を示し、語釈を施し、出典用例を示したものである。古語、雅語を主とするが、俗語、外来語、方言等も取り上げてい

用集大全』など、その種類は二百種類を超えるという。山田忠雄「開版節用集分類目録」(大東急記念文庫講座のための油印)参照。

(7)　柴野栗山(元文元年〈一七三六〉―文化四年〈一八〇七〉)編。天明六年(一七八六)刊。語をいろは順、次いで意義別に排列し、漢字表記の語に片仮名で振り仮名をする形式で示している。

巖石《イワ》　巖門《イワト》　石室《イワヤ》○―洞　巖突《イワアナ》
井眉《イドバタ》　甃井《イドノハタノイシガキスル》○砌―　井枯《イドヒアガル》

(8)　『玉篇』を、北宋の陳彭年等が増補修訂したもの。

(9)　宝永六年(一七〇九)―安永五年(一七七六)死の翌年から刊行され、後編は明治二十年(一八八七)刊である。前編の中ほど以降は、後人の手も加わっている。現在は明治三十一年に井上頼圀等によって増補改訂された『増補語林倭訓栞』が行われているが、これは再編成されたもので、本来の姿とは異なる。語釈の例を示す。

いぶせし　万葉集に欝悒を、またかくもよめり。又いぶせくとも見えたり。物語にては心もとなき意也。徒然草にいへるは字の如くきこゆ。

(10)　宝暦三年(一七五三)―文政十二年(一八三〇)「な」の項までは、文政九年から嘉永二年(一八四九)までに刊行されたが、それより後は写本で伝わり、明治二十年に中島広足が加筆して『増補雅言集覧』が刊行された。

(11)　『倭訓栞』と比較すると、より丁寧にその語の意味

る。

『雅言集覧』は、(10)石川雅望《いしかわまさもち》著。平安時代の仮名文学書を中心として「雅言」を集め、いろは順に排列している。和歌や擬古文を作る際の規範となることが目的とされていると考えられ、用例を豊富に、その所在も明確に示して、原典について意味を考えることを可能にしている。文献の校合を行っているのも学問的な態度である。(11)

『俚言集覧』は、(12)太田全斎著。「俚言」すなわち俗語（諺等も含む）を中心として(13)五十音にもとづき排列し、必要な場合は解説するが、多くは様々な文献を引用して考証している。(14)『志不可起《しぶがき》』(15)も主として俗語をいろは順に排列して解説するが、その語の意味に関連する漢字を考えることによって語源を考察することが多く、また方言にも触れている。(16)

雅語俗語対照の辞書　平安時代の仮名文学語を中心とした「雅語（雅言）」を考えるにあたって、自分たちの用いる「俗語」すなわち日常の口語を対照させるという考え方は、文法の領域では特に富士谷成章の『あゆひ抄』等に

用法を会得させようとしていることが分る。

　いぶせし　契沖云、万葉に鬱悒と書ていぶせくともおぼつかなしともゆかしともよめり。何れも同意也といへり。○今按るに、おぼつかなく、ゆかしく、又なげかしき意もありて、俗語のフサグといへる意におなじかるべし。又ゆかしき意にのみ聞ゆるもあり。又たゞウツトウシキ意なるもあり。前後をよみ見て心に味ひてしるべし。〔万、十二ノ十二〕「うたがへるこゝろいぶせしことばかりよくせわがせこあへるときだに　いぶせく〔万、十二の十六〕〔拾、恋四、人丸〕〔人丸、下ノ十二〕〔六帖〕「たらちねのおやのかふこのまゆごもりいぶせくもあるか妹〔君〔人丸〕〕にあはずて（まかせで〔六帖〕）……

(12)　寛延二年（一七四九）―文政十二年（一八二九）本書は寛政九年（一七九七）から没年までの間に成立したと見られるが、長く写本で伝えられ、明治三十二年（一八九九）から三十三年にかけて『増補俚言集覧』（井上頼圀・近藤瓶城改編増補）として刊行された。

(13)　「凡例」に「此集鄙俗を先として雅馴を後とし」とあり、俗語中心ではあるが、雅語を全く無視しているわけではない。また「余江戸に少長せり。故に集中江戸の語什が八九にあり」と言い、取上げた語の十中八九は著者の育った江戸の語であるとする。

(14)　例を挙げる。

見られるところであるが、和歌や擬古文を作る上では、口語を雅語でどう言うかを知る必要もあった。その結果、この時代には「雅俗対照辞書」が多くみられるのであり、[17]雅語から口語を知る形式のものと、口語から雅語を知る形式のものとがあった。

[18]鈴木朖《あきら》『雅語訳解《やくげ》』[19]は、「雅語」を平安時代以降の語と定義し、口語と同意のものは除き、用言を重視するという明確な規準によって編集されている。取上げた「雅語」をいろは順に排列して対応する「俗語」を記し、必要な場合は注釈を加えているが、口語と類似した意味でも異なる点があること、接頭語の意味、意味の歴史的変化などに触れており、著者の学識が示されている。[20]この影響を受けた書に萩原広道『古言訳解』[21]がある。朖が果たさなかった「古言」すなわち上代語を取り上げ、五十音順に排列して口語訳を付したものである。

これらと逆に、俗語を標出し、それに当る雅語を記すものに、まず富士谷御杖の『詞葉新雅』[22]がある。俗語をいろは順に排列し、それに相当する雅語をあてたものである。

湯カタビラ　〔倭名鈔〕内衣温室経云澡浴之法七物其七曰内衣和名由加太比良〔愚案〕今湯カタといふは下略也　○混衣浴衣などをゆかたといふ

(15) 著者不詳。享保十二年（一七二七）成立。

(16) 例示する。

をつかない　関東ノ俗ニ恐シキヲをつかないト云。是無レ及ノ訛詞ナラン。大僧正慈円ノをゝけなくうき世の民におほふ哉トヨミ玉ヘリ。是をよびなくト云詞也。

(17) 福島邦道「雅俗語対訳辞書の発達」（『実践女子大学紀要』一二）に詳しい。

(18) 本書79ページ参照

(19) 文政三年（一八二〇）刊。一三〇〇語余りを収める。「凡例」に「今の世の俚言《サトビゴト》は俗語なり。古今集以来の歌、又は詞書の語、又は物語ぶみなどの、今の世に耳なれぬ詞、或は詞は同じけれども、意ばえの異なるなどは雅語なり。万葉集以上、古き祝詞の類、又古事記書紀にある、尋常《ヨノツネ》の雅語よりも猶耳遠き詞は古語なり。」と言う。

(20) 実例は次のごとくである。

○さふらふ　ヰマスル　伺候シテヰル　御前ヲツトメル　本はさもらふにて見合セルといふ俗語の心也。夫よりして御用もあらんかと伺候して居る事になり、又転じて目上へ対して我身の居り有りといふ事をいふ詞となり、後には侍りと同意に用る様になれ

冒頭の「おほむね」に「歌よみしらぬ人の、里言より古言をもとめむに、とみの便にせんとて」作成したものとその目的を明らかにし、「歌のみならず連歌俳諧にもたすけ」となるものとする。東条義門の(23)『類聚雅俗言』は、その影響を受けたものとされる。

語源辞書　(24)松永貞徳の(25)『和句解《わくげ》』は、和語をいろは順に排列し語源を説くが、非常に恣意的である。(26)貝原益軒の(27)『日本釈名《にほんしやくみやう》』は、語を意義によって二十三部類に分類排列し、語源を記したものであるが、その語源を考える基礎となる語の成り立ちについて、「自語・転語・略語・借語・義語・反語・子語・音《いん》語」の八つを挙げる。(28)個々の語源説の当否はともかく、それなりの原理をもって語源を考えている点は注目される。

(29)新井白石の(30)『東雅《とうが》』は、和語の名詞を意義によって十五部門二十巻に分類排列し、語源を説く。「総論」には、白石の言語観、語源解釈の基本的立場が述べられている。

天下之言には古言あり、今言あり。……古言とは、太古より近古に至るまで、其世々の人のいひし所の語言

り。

(21)　嘉永四年（一八四七）刊。約一五〇〇語を収める。「凡例」に「此ノ書ハ先達鈴木氏が雅語訳解の例に効《なら》ひて上古《カミツヨ》の言《ことば》を今ノ世の俚言《サトビゴト》に訳《ウツ》して解《トキ》たるなり」と述べる。用言を重視し、現代語と同意のものは省くのも『雅語訳解』と同じである。方言との対比、類義語との比較も行っている。

〇あだす　フミチラス　フミオトス　案に備前のいやしき語に落ッることをアダクレルといふことあり此ノ意にや

〇いきどほろし　ハラタ、シイ　ムシヤクシヤスル　心中に腹立しくおもふ意にて怒《イカ》るといふとは少し異也

(22)　寛政四年（一七九二）刊。内容は、単純に現代語と古語を対比したものである。

イヒ出ス　ことにいづる　いひいづる
イツ°パイニナル　みつる（促音に印を付す）
イソ〳〵トスル　心ときめく
イカホド　いくばく

(23)　文化十一年（一八一四）成立。長く写本で伝えられ、昭和四十三年（一九六八）『義門研究資料集成　下』にその影印が収められた。体裁は『詞葉新雅』と全く同様で、内容も類似している。

(24)　元亀二年（一五七一）―承応二年（一六五三）

(25)　著者の没後、寛文二年（一六六二）刊行。「ね」の

也。今言とは、今世の人いふ所の語言也。……我東方(日本の意)の古言のごときは、幸に今先達の人の訓釈、なを伝はれるものどももなきにあらず。旧事紀、古事記、日本紀、姓氏録、古語拾遺、風土記等に古語を釈せしみえたり。其余、万葉集をはじめて、代々の歌詞を釈せし諸家の説、またすくなからず。凡ソそれらの書にもれぬる所のごときは、類を推し、例に倣ひて其義を求めつべし。なをその解すべからざるものあるは、強て其説をつくるべからず。

言語が変遷するものであることを認識し、古語については古文献の解釈を尊重し、それに漏れるものは類例によって考えるとし、それでも解釈出来ないものは無理に解釈をするべきでないという、極めて妥当な説である。多くの文献を引用し、朝鮮語からの語にも言及するなど、(31) 著者の学識が認められる書だが、個々の語源説は必ずしも学問的とは言えないものも多い。

語義をもっぱらその語の発音と関連づけて説き、一種の語源論と考えられるものがある。賀茂真淵の(32)『語意考』は、語義を「約言《つづめこと》」「延言《のべこと》」「略言《はぶくこと》」「転回通《うつしめぐらしかよふ》」の四つ

部の一部を挙げる。

猫　ねこ　鼠《ねずみ》このむか　殺《ころす》か
鼠　ねずみ。人の寝《ね》すんで後出る故か。……
練　ねり。懇《ねんごろ》に煮《にる》か
舐　ねふる。舌《した》の根《ね》をふるか

(26) 寛永七年(一六三〇)—正徳四年(一七一四)

(27) 元禄十二年(一六九九)自序、翌年刊行。中国の後漢末の人劉熙《りうき》の著した辞書『釈名《しやくみやう》』の意義分類に従っており、書名もそれによる。

(28) 「自語」は上古以来の語で、語源の説き難いもので、「天地《アメツチ》」の類。「転語」は音が相通することによるもので、「上《カミ》↓君《キミ》」の類。「略語」は語の一部を略することによるもので、「ひゆる↓氷《ヒ》」の類。「借語」は意味の転化によるもので、「上《カミ》↓神《カミ》・髪《カミ》」の類。「義語」は意味を合成することによるもので、「明時《アカトキ》↓暁《アカツキ》」の類。「反語」は「かな返し」(漢字の反切のように、上字の子音と下地の母音を合せること)によるもので、「ひら↓葉《ハ》」の類。「子語」は語の派生によるもので、「火↓炎《ホノヲ》・焔《ホムラ》・埃《ホコリ》」の類。「音語」は漢語・梵語がそのまま和語のように用いられるもので、「菊」「石灰《シックイ》」「尼《アマ》(梵語と考えている)」の類。

(29) 明暦三年(一六五七)—享保十年(一七二五)　六代将軍家宣の政治顧問の役となり、幕政に参与したが、八代将軍吉宗によって退けられ著述に晩年を送った。

(30) 享保四年(一七一九)成立。長く写本で伝えられ、

の原理で考えている。[33]　鈴木朖の『雅語音声考《おんじやうかう》』[34]は、語を「鳥獣虫ノ声ヲウツセル言」（ホトトギス・カラス等）、「人ノコエヲウツセル言（フク〈吹〉・カム等）、「万物ノ声ヲウツセル言」（ユスル・ソヨグ等）、「万ノ形有様意シワザヲウツセル言」（赤・晴ル・雲・黒シ等）[35]の四種に分けて説明する。

百科事典的辞書　代表的なものに、寺島良安著[36]『和漢三才図会《づゑ》』[37]がある。明の王圻の『三才図会』にならって編述したもので、「三才」とは天地人の意である。各事項について、該当する漢字を掲げ、訓と音を記し、『三才図会』等の漢文文献、また和文の文献を引用しているが、ほとんどに挿絵を付しているのが新機軸である。挿絵を付したものに、他に『人倫訓蒙図彙《じんりんきんもうづゐ》』[38]等がある。図版を付さないものとして随筆の形式をとる『嬉遊笑覧』[39]がある。

『片言』　安原貞室著。[40]序文によれば、息子の「片言」（正しくない言葉）を正すために書かれたものである。[41]五巻で、最初は順不同で項目が並べられているが、巻三の半ば以降は意義別に分類して述べられている。内容は、[42]語形

明治三十六年刊行された。

(31)　「海」の項に、「海をワタといふは韓地の方言と見えけり。日本紀に海をホタイといふは百済の語也。今も朝鮮の俗、パタヒといふ也。並にこれワタの転語也」とする。「総論」でもこれに触れ、「太古の時よりいひ嗣て、海を呼びてはアマといひしを、また韓地の方言によりて、ワタともいひけり。」と言う。

(32)　本書42ページ参照

(33)　「約言」は〈アハフミ→アフミ〉の類、「延言」は〈見ル→見ラク〉の類、「略言」は〈高脚→タカシ〉の類、「転回通」は〈スベラギ—スメラギ〉のような音の相通の類である。

(34)　文化十三年（一八一六）刊。冒頭に「言語ハ音声也。音声ニ形アリ姿アリコ、ロアリ。サレバ言語ニハ、音声ヲ以テ物事ヲ象リウツス事多シ」と述べる。しかし、すべての語を音声との関係で説明出来ると考えたのではない。「初ハ音声ニヨリタル事ナルベキモ、今ニテハ其意ノ知リガタキ事モ多カルベキ也」とする。最初は音声をうつすことによって出来た語も、一度語として成立すると、独自の意味領域を持つに至ることは認めているのである。

(35)　「明、赤、有、有々、鮮ノア○高シ○晴ル、張ル、原、平《ヒラ》、開ク、是ラ皆開口音ヲ以テ其有様意バエヲウツシタルナリ」とし、「雲、曇ル、隈、潜ル、溟涬《クヽモル》、含《クヽ》ム、篭ム、黒シ、暗シ コレラ皆合口音也。其トクト云音ニ其意アリ」

に関するものが多いが、類義語の違いや位相的にみた語の用法などに触れたものもあり、社会言語学的研究の側面もある興味深い書である。例を挙げる。

[43]是斗《こればかり》といふべきを　○是《これ》ばつかし○是《これ》ばつちや○是《これ》ばつかりなどはわるかるべし（三）

[44]さりながらといふこと葉と。しかしながらといふこと葉とを。同じさまに心得《こゝろえ》ていふは如何侍らん。ふるきせうそこなどの文章《ぶんしやう》には。聊《いさゝか》。かはりめ侍るかとおぼゆかし。但乍去《たゞしさりながら》は。さうありながら。しかしながらは。しかあつしながらといふこと成べければ。同じかよひも侍るべき歟　併《しかしながら》のこと葉は。書札《しよさつ》などならずしては。さのみいふまじき事にや侍らん（二）

[45]酒を○九献《くこん》といふは。をんなこと葉のみにもあらず。おのこもいふべし。三々《さん〳〵》九献《くこん》といふの上畧《じやうりやく》の詞《ことば》なりとぞ。さゝといふも男女《なんにょ》に通《つう》ずる詞《ことば》と。仕付《しつけ》かたの書《しょ》にみゆ。又三寸《みき》の酒《さけ》といふ詞《ことば》はいらぬ重言《ぢうごん》歟（四、飲食部）

また、

とする。この二群の語の意味の違いを開口音と合口音との差に求めている。

(36)　生没年未詳。大坂高津の医師。

(37)　正徳三年（一七一三）跋

(38)　元禄三年（一六九〇）刊。蒔絵師源三郎画とされ、挿絵が中心の書で、各事項が意義によって分類排列されている。

(39)　喜多村信節《きたむらのぶよ》（天明三年〈一七八三〉―文政三年〈一八五六〉）著。特に巻九の「言語」の項には、たとえば次のように当時の俗語についての考証がある。

○貞享五年「栄花咄」ちよろまかすと云はやりことば云々、罪にならざる当座の偽りをまぎらかすといへる替詞と聞えたりとあり。然らば今と意少し異なり。

(40)　慶長五年（一六一〇）―延宝元年（一六七三）　俳諧作者で松永貞徳の門下である。京都で紙商を営んだ。『片言』は慶安三年（一六五〇）刊。

(41)　当時息子（元次）は十歳ほどだったとみられる。家が貧しく満足な育て役もなく育てたので、「友達かたらひにもいとつたなきかたことをのみ云侍る」息子のことばを正すためにこの書を著すとする。さらに、「みづから少年のむかしよりいまかゝる老のするゑまでくちに馴ていひ侍をきこしめししおり〳〵しかり給へりし」師貞徳に正されたことを思い出すままに書きつけ、また加えて「かたはらいたき今案」（不十分な自分の考え）も、息子が分かるように「たゞ言葉」で記すとする。

人のこゝろいれのあしきをいさむることを。異見と申歟。それをかたつ田舎人《いなかゞ》は。御異見《ごゐけん》申さうといへり。御の字を我がかたにつくべきにあらず。その外御《ご》無沙汰《ぶさた》ぞ。御無音ぞ。又いやそれは我《われ》らの御めいわくにて侍るぞなどいふこと葉は。みな誤《あやま》りなりとかや。但御見舞《をんみまい》申さんぞ。御茶を申さんぞなどゝ云るは。さきの人を崇《あがめ》てさきの人に付たる御の字なれば然るべきこと葉なり。こゝろもとなきを。御心《おんこゝろ》もとなき。うれしきを御嬉《うれ》しきぞなど云るも誤《あやま》りなれと。既《すでに》はや云なれ。又はかんな文《ぶみ》にも書来《かききた》り侍れば、今更《さら》改《あらた》めがたしと云り。お目出度《めでたき》は。大かたさきへつくおの字《じ》なるべし（一）

とあるなどは現代にも通ずる「御」の字の使用法であるが、誤りではあるが慣用になっているものは認めるというのも著者の一見識である。

(42)　白木進編著『かたこと』（昭和五十一年〈一九七六〉）に詳しい分類が見える。

(43)　日常会話で見られる語形を正したものである。「ばつかし」「ばつかり」は現在でも使われる形だが、このような促音あるいは撥音挿入形をよくない語形とする例は、「唯」に対する「たつた」「たんだ」、「さきに」に対する「さつきに」など多数挙げられている。語形に関しては、他に母音の違い、子音の違いなど様々な場合がある。

(44)　類義語「さりながら」と「しかしながら」について、通ずる意味はあるが、古い手紙などでは用法に違いがあるかとし、「しかしながら」は「書札」（書状）以外には使わない方がよいのではないかとする。

(45)　中世には女房詞であった酒を意味する「九献」と「ささ」が、近世では男性も用いるようになったことを指摘している。語源説も、「上略」はともかく、「三々九献」からという点は穏当な考えである。また、「みきの酒」は、「御酒《みき》」（「三寸」は宛字）自体が酒の意味を持つので、同じ意味を重ねた「重言」でよくないと言う。他にも「二親といふべきを二しんのふたおやといふ人も侍り。いらざる重言なり」という例もある。

24 近代の諸辞書

新時代の辞書　明治維新以後、国内の意志疎通のために、標準となる言葉の樹立の必要性が痛感されて様々な辞書が刊行されたが、早い時期の国語辞書としては、近藤真琴編『ことばのその』(1)が挙げられる。雅語の辞書であるが、日本の辞書として初めてすべての語に独特の品詞名を付し、語釈に近代性がみられる。排列は五十音順である。物集《もずめ》高見編『ことばのはやし』（明治二一年）も類似した性格をもつ辞典である。しかし、真の近代辞書は、何といっても『言海』（増補されて『大言海』）とやや新しい『大日本国語辞典』である。ともに後出の辞書に多大の影響を及ぼした。

『言海』　近代的(2)な辞書の必要を感じた明治新政府は、明治八年二月、文部省勤務の大槻文彦(3)に命じて「日本普通語」辞書編集に着手させた。大槻は、独力で準備調査、執筆を行い、同十九年三月に再訂も終えて原稿を完成させた。後全原稿を下賜され、同二十二年三月から『日本辞書言海』

(1)　明治十八年（一八八五）刊。山田忠雄述『近代國語辭書の歩み　上』（昭和五十六年〈一九八一〉）に本書及び『ことばのはやし』についての詳しい論がある。なお、倉島長正『「国語」と「国語辞典」の時代』上下（平成九年〈一九九七〉）は以下の記述に参考となる。

(2)　最初木村正辞・横山由清を総裁とし、榊原芳野・黒川真頼等の国学者によって編集された文部省編『語彙』を刊行したが、明治四年から十七年にかけて五十音順の「え」の部までが刊行されたのみで挫折した。その語釈は、前代の辞書に比してはるかに整備されている。山田忠雄『三代の辞書』（昭和三十二年〈一九五七〉）。

(3)　本書97ページ参照

として刊行を開始、同二十四年四月に完結した。収録語数は三九〇〇〇語余、和語、漢語、外来語にわたり一般語彙を収め、五十音順に排列する。

洋学の教養のあった大槻は、巻頭で本辞書編纂の方針を明らかにし、(4)辞書の語の記述には、発音、語別(5)（文法上の品詞）、語源、語釈、出典が必要だとし、出典を除いてこれを各項目について実践した。特に、語ごとに近代文法の品詞名を記したのは日本最初であり、このために必要な文法論を「語法指南」(6)として掲げている。語釈は、多くの先行辞書あるいは英語辞書を参照したと考えられるが、次に見られるように、従来の辞書に比べると自然科学の成果も取り入れた新鮮な記述である。

おと(7)（名）音（一）物ノ激動ニ因リテ起ル一種ノ性ノモノ、空気ニ伝ハリテ、耳ニ聞ユ。ネ。コエ。………

あか(名)赤(一)色ノ血ノ如クニテカガヤクモノ。……

規模は大きくないが、日本最初の近代辞書である。

山田美妙(8)は『言海』を読んで、アクセント表記のないことなどに不満を覚え、みずから『日本大辞書』を明治二十

(4) 巻頭に「本書編纂ノ大意」を掲げる。大槻は本辞書編纂に当って、英語辞書ウェブスターのオクタボ版を参考にしたとされる。

(5) もともとの原稿には出典が載せられていたが、浄書の段階で紙数の関係で省いたと述べる（「本書編纂ノ大意」）。

(6) 本書97ページ参照

(7) いずれも『近代國語辭書の歩み上』が挙げる例である。同書によれば、「音」について、『このばのその』は「音。もの の なる こと の みゝ に しらるゝ こと……」とし、『ことばのはやし』は「音。かね、つづみ の、たぐひ の もの を、うつ とき、みみ に いり て、みみ に おぼゆる もの を いふ。」とする。「赤」について、『ことばのその』は「赤。いろ の な、くれなゐ、あさひ の ごとき いろ」とし、『ことばのはやし』は「明。赤。すきとほる ひかり。また くれなゐ の いろ。」とする。これはウェブスターのオクタボ版の「A term denoting a bright color, resembling blood.」と極めて類似している。両者の類似については、永嶋大典の指摘がある『新版蘭和・英和辞書発達史』（平成八年〈一九九六〉）。

(8) 明治元年（一八六八）―明治四十三年（一八九〇）

五年から二十六年にかけて編纂刊行した。[9]特色ある辞書であるが、短期間の編集であるため[10]欠陥も多い。

大槻は、明治四十五年から『言海』の大増補にとりかかったが、完成を見ずに死去、協力者大久保初男等が関根正直・新村出の指導を得て『大言海』五巻を完成、昭和四年から十二年にかけて刊行された。その増訂には、『大日本国語辞典』も参考にされたと見られる。[11]

『大日本国語辞典』　[12]上田万年《かずとし》・[13]松井簡治編の日本最初の大型国語辞書である。松井は編纂に着手してから十五年を経て完成、大正四年（一九一五）から九年にかけて刊行された。採録語は、古語、現代語、外来語等、総数約二十万三千語に及ぶ。多くの文献についてあらかじめ索引を作成して語および用例を蒐集したのは画期的である。それが採録語を豊富にするとともに、語釈を清新、正確なものとすることになった。

[14]語釈は、『言海』はじめ先行辞書を十分に参照し、偏りのない客観的なものである。現代語を除く多くの語に用例・出典を挙げているのが『言海』と異なる。語源につい

(9)　アクセント表記のほか、口語体の文章で語釈をした最初の辞書であり、類義語の説明、俗語を多く取り入れたことなどが挙げられる。
(10)　特に後半の記述が粗雑であり、思いつきの説も多いとされる。
(11)　『近代國語辭書の歩み（上）』に両者の比較がある。
(12)　慶応三年（一八六七）－昭和十二年（一九三七）東京帝国大学教授。西欧の言語学をとり入れ近代の国語研究を指導した。
(13)　文久三年（一八六三）－昭和二十年（一九四五）東京高等師範学校・東京文理科大学教授。
(14)　一例を挙げる。
おと　音（名）一　聴官の認識する感覚。ひびき。こゑ。ね。万五十「行く水の於等（トオ）もさやけく」同四十「つむがぬに鈴が於等（トオ）きこゆ、かむしだの殿のなかちし、と狩りすらしも」……
あか　赤（名）一　七色の一。血に似たる色。

ては、原則として触れていない。(15)

その他の辞書　その後大正十四年（一九二五）に金沢庄三郎『広辞林』、昭和四年（一九二九）に松岡静雄『日本古語大辞典』、昭和九年（一九三四）に平凡社より『大辞典』、昭和十年（一九三五）に新村出『辞苑』が出た。『大辞典』は収録語七十万というが百科項目が多く入っている。『広辞林』は手軽であったため広く使用された。『辞苑』は戦後改訂されて『広辞苑』となり、広く一般に普及した。

なお、日本の言語生活には漢語・漢字・漢文化が深く浸透しているため、漢和辞典の編纂は必要不可欠であり、明治三十六年（一九〇三）には、重野安繹・三島毅・服部宇之吉らによる『漢和大辞典』、大正六年（一九一七）上田万年・栄田猛猪の『大字典』、大正十二年（一九二三）簡野道明『字源』が出たが、戦前より戦後にかけて編纂された諸橋轍次『大漢和辞典』が最大のものである。

(15)　『大日本国語辞典』を母胎として、更に拡充したものに『日本国語大辞典』二十巻があり、昭和四十七年（一九七二）より昭和五十一年（一九七六）まで第一版、平成十二年（二〇〇〇）より平成十四年（二〇〇二）まで、第二版、十三巻別巻一巻として出版された。
松井栄一『出逢った日本語・50万語―辞書作り三代の軌跡』（平成十四年〈二〇〇二〉）
その他
林大『言泉』（昭和六十一年〈一九八六〉）
松村明『大辞林』（昭和六十三年〈一九八八〉）
なども出版された。
古語辞典としては、
澤瀉久孝『時代別国語大辞典上代編』（昭和四十二年〈一九六七〉）
土井忠生『時代別国語大辞典室町時代編』五巻（昭和六十年〈一九八五〉―平成十三年〈二〇〇一〉）
阪倉篤義『古語大辞典』五巻（昭和五十七年〈一九八二〉～平成十一年〈一九九九〉）
などがある。

Ⅷ　方言研究

25　方言意識

平安時代の方言意識　平安時代以前においても、ある程度方言意識は見られたが、(1)この期には、さらに多く見られるようになった。

方言の違いは、「声なまる」「舌たむ」「声ゆがむ」「さへづる」などと表現された。都以外の言葉に対する蔑視によるものである。

(2)あづまにて養はれたる人の子は舌たみてこそ物はいひけれ　（拾遺集、巻七物名）

ゐたりける所の北のかたに声なまりたる人の物いひけるを聞きて　永成法師

(3)あづま人の声こそきたに聞ゆなれ

陸奥《みちのおく》よりこしにやあるらむ　律師慶範

（金葉集、巻十）

（1）『万葉集』で東歌・防人歌が特立されているのは、東国の歌の言語が中央語と異なることが意識されていたことによるものであり、同集や『風土記』には、他の地域の方言を注したものもある。

越俗語　東風謂㆓之安由乃可是《アユノカゼ》㆒（万、四七一七）

髪梳者、隼人俗語云㆓久西良《クシラ》㆒（『万葉集註釈』所引逸文『大隅風土記』）

（2）「舌たむ」と「細螺《しただみ》」（巻貝の名）を掛ける。

（3）「きた」は「北」と「来た」とを掛け、「こし」は「越」と「来し」を掛ける。「来た」という「なまった声」で言うのだから、「陸奥」から来たのだろうと言っている。アクセントや発音の仕方も含まれるだろうが、語としての「来た」と「来し」を対照させている。

[4]若うよりさる東《あづま》の方の遙かなる世界に埋もれて年経ければにや、声などはほと〳〵うちゆがみぬべく、ものうちいふ、すこしたみたるやうにて、

（源氏物語、東屋）

右の例のように東国語を意識したものが多いが、他の地域の場合もある。[5]

『[6]東大寺諷誦文稿』には、次のように、「毛人方言」「飛驒方言」「東国方言」という方言名が挙げられており、地域ごとの方言が意識されている。これは方言名の記録としては現存最古である。

[7]各於世界講説正法者詞无导解　謂大唐新羅　日本　波斯　混崙　天竺人集　如来一音随風俗乃方言令聞　仮令対大唐人而大唐詞説他准之　此当国方言毛人方言飛弾方言　東国方言　仮令対飛弾国人而飛弾国詞而説令聞云。

相手の言葉に合わせて説くことを述べている条で、大唐・新羅・天竺などの言語がその国によって特有のものである（「風俗乃方言」）と同様、日本でもその地域によって

（4）浮舟の継父常陸介は公卿の家系であったが、常陸など東国の任地で長く過ごしたため言葉が東国方言になっていたことを言っている。

（5）（大夫監は）声いたうかれてさへづりゐたり。

（源氏物語・玉鬘）

「大夫監」は太宰府の役人で、この場合は九州方言である。

（6）東大寺関係の文書で、僧侶が儀式に読み上げる祭文の草稿。ただし太平洋戦争の災害にあい焼失。写真複製本のみ現存。

（7）中田祝夫『東大寺諷誦文稿の国語学的研究』を参考に訓み下し文を掲げる。（　）内は補読。

各世界（に）正法（を）講説（したまふ）者《ひと》（は）、詞（に）导解无（し）。謂（はゆる）大唐・新羅・波斯・混崙・天竺（の）人集（まれば）、如来（は）一音（に）風俗ノ方言（に）随（ひて）聞（か）令（めたまふ）。仮令大唐（の）人（に）対（ひたまふときには）大唐（の）詞（にて）説（きたまふ）。他（は）之（に）准（ふ）。此（の）当国（の）方言・毛人（の）方言・飛驒（の）方言・東国（の）方言、仮令飛驒（の）国（の）人（に）対（ひたまひては）飛驒（の）国（の）詞（にて）説（きたまひて）聞（か）令（めたまふと）云。

特有の言葉があることを認識し、「当国方言」を含めて、四種の方言を挙げている。「当国方言」は、この書の著者(8)の住む国の方言であるから、畿内地方の方言である。「毛《えみ》人《し》方言」(9)は東北地方の方言、「飛弾《ひだ》方言」があるのは、都で東大寺などの工事の労役をつとめた「飛弾工《ひだのたくみ》」のためであろう。「東国方言」は関東地方の方言である。九州地方を除けば、代表的方言がすべて挙げられていることになる。

明覚の『悉曇要決』（十二世紀初め成立）には、各地の方言について具体的な記述がある。(10)

如二日本東人一、唵オムヲ習テオントイヒ、僧ソウヲ習テシヨウトイヒ、蔵ザウヲ習テジヤウトイヒ、釈迦ヲサカト云カ如キ也。

東国人は、韻尾の［m］と［n］の区別ができないと言い(11)、「ソ」「サ」を「ショ」と「シャ」と拗音に発音し、また逆に「シャ」を「サ」と言う場合もあるとする。

本朝北州風強人剛、故其音濁麁矣。越中・越後ニハモリヲホリトイヒ、イヒモルヲイヒホルトイフ。南州其

(8)　著者は不明だが、成立年代からみて奈良地方の僧であろうとされる。

(9)　「毛人」は、『日本書紀』敏達天皇の条に「十年の春閏二月《のちのきさらぎ》に、蝦夷《えみし》数千《ちあまり》、辺境《ほとり》に寇《あたな》ふ。是に由りて、其の魁師《ひとごのかみ》綾糟《あやかす》等を召して、魁師は、大毛人《おほえみし》なり。」とあり、『日本霊異記』下巻第七に「山継《やまつぎ》征人《つはもの》と為《な》り、賊地《あたち》に毛人《えみし》を打ちに遣さる。」とあり（いずれも日本古典文学大系本の訓み下し文による）、「毛人」は蝦夷の意で、「えみし」と訓ぜられている。『上宮聖徳法王帝説』に蘇我蝦夷を「蘇我豊浦毛人」と表記する。

(10)　馬渕和夫『日本韻学史の研究Ⅰ』参照。なお、本書25ページ参照。

(11)　ただし、本書成立当時京都地方においても音韻としてこの区別はなかったはずであり、これは漢字音学習の場合に限られるのであろう。

音柔也。
日本八幡越中国ニハ森ホリ、閑ハラ、盛ホル。……案云、口処相似故マハ相通歟。

越中・越後は「モリ」を「ボリ」、「イヒボル」を「イヒボル」、「モル」を「ボル」と言うとする。都地方の語頭の[m]を越中・越後では[b]となるということで、[m]と[b]の発音の「相通」のためかとしている。(12)

歌学書には、和歌の解釈に関連して、方言の語に触れた場合が見られる。『俊頼髄脳』(13)に「伊勢の浜荻とよめるは荻にあらず、葦をかの国にはいひならはせるなり」という方言の意識がみられ、(14)歌の解釈においても方言に言及がある。(15)『袖中抄』(16)は語の解釈にしばしば方言を援用している。(17)

中世における方言意識　鎌倉幕府成立により、東国の武士の支配する世になった結果、社会的に見て東国の言葉が無視できないものになった。『太平記』では、公家たちが慣れない東国方言を使う様子が描かれている。(18)標準語的性格を持つ京都語が、依然として方言に対し優越した地位

(12)　他に「播磨《ハリマノ》国ニハ申《サル》時ヲサンノトキトイフ。」という記述もある。
(13)　源俊頼（天喜三年〈一〇五五〉―大治四年〈一一二九〉）の著。内容は、和歌の略史・技法・歌語の解説・和歌説話など。
(14)　「浜荻」という語は、これ以来方言の代名詞のように用いられ、江戸時代の方言書の名になった。
(15)　「甲斐《かひ》が嶺《ね》をさやにも見しかけけれなく横ほりくやるさやの中山」（古今集、巻二十東歌、正しくは「横ほり伏せる」）の「けけれ」（心）を甲斐の方言とし、「くやる」を駿河の方言で「ふせり」の意とする。
(16)　顕昭（大治五年〈一一三〇〉頃―？）著。和歌の難語約三〇〇について語釈したもの。
(17)　「陸奥の浅香の沼の花かつみかつ見る人の恋しきやなぞ」（古今集、恋四、類歌五句「恋ひやわたらむ」）の「かつみ」について、「伊勢国に葦を浜荻といへるが如くに、陸奥にこもをかつみと云る也。」（巻七）と述べ、「あぬがためわりてもすまに春の野に抜ける茅花をみけてこえませ」の「あぬ」について、「筑紫の者は我をばあぬと申せば、わがためにわが摘みたるつばなをと云也」と言う。
(18)　「公家ノ人々、イツシカ云《イヒ》モ習ハヌ坂東声《バンドウゴエ》ヲツカヒ、著《キ》モナレヌ折烏帽子ニ額ヲ顕《アラハ》シテ、武家ノ人ニ紛ントシケレ共」（巻二十一、天下時勢粧事）とある。

を占めていたことは当然であるが、各地の方言が一つの言語として扱われるようになって来たと言える。

(19)金春禅鳳《こんぱるぜんぽう》著『毛端私珍抄《もうたんしちんせう》』にはアクセントに地方差についての記述がある。

　なまる事、坂東、筑紫などのなまりも、およそ似たる物也。四国なまりは別《べち》也。五畿内、京都の声にもちがふ也。たとへば、犬をいぬと云は京声也。犬をいぬと云は坂東、筑紫なまり也。犬をいぬと云は四国なまり也。

とあり、京都、坂東、筑紫、四国という四つの方言を対立させて考えている[20]（アクセントに関しては坂東と筑紫を同一視しているが）。

　惟高妙安[21]の『玉塵抄』[22]には、京、坂東奥州、筑紫の三方言が意識されている記述がある。

　坂東奥州声、筑紫声ノ者ガ京ニ一年ノ者半分スギ京ニツメテイルホドニ、キキタウモ（「ナイ」脱カ）イナカゴエガ京声ニキ、ヨウナツタゾ（巻四〇）

京都に半年一年詰めていると、関東方言・九州方言とい

(19)　享徳三年（一四五四）―天文元年（一五三二）能役者・能作者。『毛端私珍抄』は物まね・音曲・舞等についての所説を記した書。

(20)　京都では「イヌ」、坂東・筑紫では「イヌ」、四国では「イヌ」であることを示すと考えられている。なお『禅鳳習道目録』にも同趣の記述がある。

(21)　文明十二年（一四八〇）―永禄十年（一五六七）相国寺の僧。

(22)　韻書『韻府群玉』（元の陰時夫編、陰中夫注）を注釈した抄物。晩年の永禄七年に抄し始めている。

う聞くに耐えない「田舎声」の者も京都語が話せるようになると言っている。方言区画が意識されていることが分るとともに、標準語と方言の対立の意識も窺える。(23)

この時代に流布していた「京へ筑紫に坂東さ」(24)という諺も、この三方言の対立の意識によるものである。

東国に生れ住んだ仙覚(25)の『万葉集註釈』では東国語を解釈に利用している。(26)『塵袋』(27)にも東国方言への言及がある。

(23)　同抄の東坡の詩句「語音帯二ブ呉音一ヲ」を解釈する次の例も、「京声」と「田舎声」の対立を示す。
　ヨソノ者ガ呉ニチットイタレバ呉ノ音ニナツタゾ
コ、ラニ京音ニナツタ、イナカゴエニナツタト云心ゾ
(巻五)

(24)　方向を表す格助詞の方言差を言ったもので、京都では「……へ行く」、九州では「……に行く」坂東では「……さ行く」であるということである。

(25)　建仁三年（一二〇三）―？　天台宗の僧で、鎌倉に住み将軍藤原頼経の命で『万葉集』を校合した。『万葉集註釈』は別名『万葉集抄』。文永六年（一二六九）成立。

(26)　例えば、「オソロト、ソラコト、云コト也。アツマ詞ナリ。」（巻三）は、「相見ては月も経なくに恋ふといはばをそろと吾を思ほさむかも」（万葉集、六五四）の語釈である。「アトリトハ、ワレヒトナリ。ヰナカヒトノツネニイフコトハ也。」（巻十）は「国めぐるあとり鴨《かま》けり行きめぐり帰《かひ》り来《く》までに齋《いは》ひて待たね」（巻二十、四三三九）の語釈である。現在では「あとり」は鳥名とされる。

(27)　本書113ページ参照。「下賤ノコトバノ中ニハ、多ク古歌ノ詞通ズルコトアリ。坂東人ノコトバノスエニ、ロノ字ヲツクル事アリ。ナニセロカセロト云フヲ……」（第十）とあり、これは「見ろ」などの東国方言の命令形語尾の「ろ」のことを述べたのだが、その解釈を誤って、単なる接尾語と見ている。

26　江戸時代の方言研究

方言への関心と方言集の盛行　この時代には、方言への関心が著しく強まり、方言の語彙を集成した多くの方言集も刊行された。これは、戦乱がなく諸国の往来や商業が盛んになったこと、参勤交代制度により諸国の武士等が江戸と郷国とに往来し、ことばの違いを経験したことによるものであろう。

方言が意識されるということは、当然それに対する共通語も意識されたということである。各種方言語彙集は皆江戸時代後期の成立であり、方言語形と対照される正しいことばと認められているのはほとんど江戸語であると言えるが(1)、後述するように京ことばと対照させている場合もある。特にことわらずに正しいとする語形を掲げる場合もあり、単語のレベルでは、江戸語を基本とする全国共通語というべきものが認められるといえよう。方言区画についての意識も、さらに明確になってきた(2)。

後述するように、個々の方言集の中には、方言区画の意

(1)　方言語彙集とは言えないが、江戸初期成立の規範辞書の『片言』（本書124ページ参照）は、京都語を正しいことばと考えている。

(2)　東条義門の『類聚雅俗言』（本書122ページ参照）の「凡例」に次のようにある。

国々の方言は定れる事なければ、今かたかなして出せる詞（雅語に対して宛てられている俗語）のかへりてつね云とはこと也とおもはるゝやありなん。仮令ば、五十音の第三ノ音にて云べきを、俗には第二ノ音、第四ノ音にて云詞のたつるをタテルおくるをオキルなどのたぐひをつくしにてはおのづからに正しきかたにのみいひ、きィくゥの転用は、あづま人のいふなるはおのづからに正しきが如しハヤウをはやくオソイをおそきといへるたぐひなり。又雅言にはぬといふべきを俗ニ云にはこと〳〵ンといふみぬをミンきかぬをキカンといふがごとし。これをあづまことにはナイと云ミナイ　キカナイなどのごとし。……

「俗」（口語）で「立てる」「起きる」と言っているのを、九州方言では「立つる」「起くる」という正しい形（一段化しない古い形）を用いることを述べ、東国では形容詞の連用形・連体形を音便化しない前の「正しき」形の「―く」「―き」を用いることを述べ（連体形の「―き」の形を用いるというのはおかしいが）、（西国の）「俗」は打消の「ぬ」を「ん」と言い、東国では打消に「ない」を用いることを述べている。東国、西国、九州の各方言を語法において対立させてとらえている。

識のみならず、方言による音韻・語意の違いに関しての高度な認識が窺えるものがある。

『物類称呼』(3) 越谷吾山《こしがやござん》著。安永四年（一七七五）刊行。日本最初の全国方言集である。巻一は天地・人倫、巻二は動物、巻三は生植、巻四は器用・衣食、巻五は言語、として部門別に項目を排列し、各項目について諸方言形とそれぞれの使用地域を記している。約五五〇の項目について約四〇〇〇語の方言形が挙げられている。本書所収の方言がどのように蒐集されたかについては、「凡例」に「もとより街談巷説《かいだんかうせつ》を聞るにしたがひてしるし侍れば」とあり、日常の見聞により方言語形を集めたことは確かであろうが、他に、採録語数の多い植物の方言形は本草学書などによったものもあるとされる。(4)

吾山は、個々の方言語形だけでなく、地域からみた全国の方言の対立にも関心があった。序文で「大凡《をほよそ》我朝六十余州のうちにても山城と近江又美濃と尾張これらの国を境《さか》ひて西のかたつくしの果まで人みな直音《ちよくをん》にして平声《へうじやう》おほし。北は越後信濃東にいたりては常陸をよび奥羽《おうう》の国々すべて

(3) 享保二年（一七一七）—天明七年（一七八七）埼玉県越谷の生れで、馬琴の師にあたる俳人である。五十三歳の頃江戸に移ったので、本書刊行の五十九歳の時は江戸在住であった。

(4) 明記された引用書に『東雅』『大和本草』等があるが、明記されない引用もあるとされる。大田栄太郎「『諸国方言物類称呼』の成立」（『学苑』六ノ八）、同「『諸国方言物類称呼』の生れるまで」（『国学院雑誌』四六ノ八）

(5) 東西両方言の大きな境界線は大体愛知・岐阜・新潟三県の西側を通る。

(6) たとえば、

○なに事じやといふ事を　……又事ぢやと云を京近辺西国にては 何ンの事ちや とつめて云、尾州辺にては 何の事でや と直にいひ、東国にては 何ンの事《こん》だ とはねて云。是等のはねるとつめるの相違は風土のならはし也。

では、西国、愛知、東国の言い方の違いを述べるが、発音に関しては「つめる」西国と「はねる」東国を対立させている。

○物事軽卒《けいそつ》に騒《さわが》しき事を　東国にて○ひやうきんと云。西国にては、をどけたる事を　ひやうきん　といふ。

では、同じ語について東西の意味の違いを指摘する。次は有名な活用、音便の違いである。

拗音《ようをん》にして上声多きは……」と、発音の相違による東西方言の対立を認めており、また「梯《はしご》」の項に「今按《あんずる》に、東海道五十三次の内に、桑名の渉《わたし》より言語音声《げんぎよをんせい》格別に改《り》かはるよし也」とあり、東西両方言の境界線を指摘しているが、これは現在の東西方言の境界線と一致している。(5)各項目に方言語形を挙げる場合にも、方言区域の対立を意識している記述が見られる。(6)

東国方言の語彙集

服部武喬著(7)『御国通辞《おくにつうじ》』(8)は、意義により十四の部門に分け、江戸語と盛岡方言を対照させている。(9)猪苗代兼郁《ゐなはしろけんいく》著(10)『仙台言葉伊呂波寄』は、いろは順に仙台方言を排列し、京ことばと対照させたものである。『(仙台)浜荻』(11)は仙台方言をいろは順に並べ、注釈を施し、対応する江戸語を記している。補遺を含めると二六〇〇語余を採録する江戸時代最大の方言集である。桜田欽斎(12)著(13)『仙台方言』は、独自の意味分類によって語を排列し、解説する。助辞・接続詞・擬態語・用言を主に取り上げるが、次のように「ヒツ」「ヒン」を同一接辞とするなど、語に対する認識も確かで、説明もすぐれており、(14)注目すべ

〇物を借るといふ事を　……又京都にて〇借《か》つてこいといふは、江戸にて借《かり》てこい也。京にて買《か》ふてこいといふは、江戸には買《か》つてこい也。

(7) ?―寛政七年（一七九五）

(8) 寛政二年（一七九〇）成立。上欄に江戸語、下欄に対応する盛岡方言を記す。

にじ　虹　のじ（天象門）
あたゝめる　暖　ぬくためる（熊芸門）
四《シ》あさつて　やのあさつて（時候門）

著者は父の江戸勤番に従って江戸に住んだが、十六歳の時国に帰った人である。

(9) ?―享保二〇年（一七三五）

(10) 享保五年（一七二〇）成立。上欄に仙台方言を、下欄に対応する京ことばを「……の事」の形式で記す。

わらし　子ともの事　十才以下
ぶつかいた　ころびたる事

著者は仙台藩の連歌師であるが、正月ごとに仙台に下向するだけで、通常は京都に住んだ。京ことばと対照させているのはそのためであろう。菊池武人『近世仙台方言書』（平成七年〈一九九五〉）参照。

(11)「匡子」名の序に、江戸で仙台の姫君に仕えた「匡子」が仙台に下って言葉の違いに驚き、十年あまりして江戸へ戻って著した書とあるが、内容からみて女性の編とするには疑問ももたれている。成立は、文化元年（一八〇四）以前とされる。前注引用の菊池著書参照。例を

き書である。

ヒツ　ヒン（「助語」の部）

スベテ事ノ急ナル所又ハ　麁略ナル意ニ其事ノ頭ニツケテ用ユ　ヒツパタク　ヒツサ《ツァ》ラフ　ヒツクラフ　ヒツパラフ　ヒンマゲル　ヒンナグル　ヒンムスブ　ナドノ類ナリ　多クハ鄙人ノミ　コレヲ用ユ

(15)堀季雄《ほりときかつ》著『(16)（庄内）浜荻』は、江戸語と山形庄内方言を対照させたものだが、江戸語の用法を詳しく説明する場合が多く、関連する語にも触れたり、上方語にも言及する場合もある。また、次のように庄内方言の濁音に二種類あることを述べているのは、精密な観察である。

庄内詞の鼻にかゝるといふは、カキクケコタチツテトのかなを濁る故也。其中にまねくヲまねぐ、夕方を夕がた、織田《をた》をおだの類はしかと濁るの訛にて、大慶をたいげい、焼香をしやうがう、義経をよしつねの類は中段の濁り也。前のしかと濁るよりも此中段のにごり別して聞にくし。それ故上方人に対して市右衛門と名のれば意地右衛門殿かと問返され、八兵衛と名のれば

挙げる。下段は対応する江戸語である。

ひる　干ル也　物をほしてかわきたること　かはく

そんだら　夫ならバといふ事　それなら

(12)　安永三年（一七七四）―天保十年（一八三九）

(13)　著者・成立事情については注10所引菊池著書参照。分類は、助語・形容・通用・性情・態芸・人倫・器形。

(14)　例示する。

サ（「助語」の部）

他邦ニテ　ヘト云所ニ用ユ　江戸サイク　京サイク　家サカヘル　馬サノル　ト云類ナリ

ズヘリ〳〵ト　ズヘリト（「形容」の部）

容易ナルヤフス、又遠慮斟酌ノナキ意ニ用ユ　人ノ家ニユキテ案内モセズ通ルヲ　ズヘリ〳〵トハイルト云ヒ　人ニ挨拶モナク何ホトモノミ食フヲズヘリ〳〵ト食フト云類　又平気ニテヲルヲ　ズヘリトシテヲル　ト云

(15)　享保十九年（一七三四）―天明六年（一七八六）二十歳からしばしば江戸へ出仕した人である。著者は庄内藩士だが、

(16)　明和四年（一七六七）成立。序に「明和丁亥の春、水野華竹大夫の妻なりし人、江戸へ旅立すとての馬の餞に、はまをぎといふさうし書て贈れること有き。」「婦人の用意にものせしさうしなれば、全篇婦人の詞づかひを要とす。」とあり、その著した事情が分る。「うそつくヲうそこく」「のこぎりヲのこずり」などは

恥兵衛かと疑ふ。是は上方筋に中段の濁といふ事絶てなき故、しかと濁りたるかなに聞とる也。(17)ほかに、庄内方言では連声がないこと、江戸語では合拗音「くわ」が「か」になることを指摘している。(18)

氏家天爵(19)著『荘内方音攷』(20)は、庄内方言の音韻について全般的に記述した極めて注目すべき書である。『(庄内)浜荻』と同様、濁音に二種あることを述べ、(21)江戸語にクワの音がないことを指摘するが、謡の発音との関連を指摘しているところが興味深い。

方音にユの音無きが如く、江戸音にクワの音無し。クワと唱ふる分は皆カと唱ふるなり。又サの音をシヤと唱ふる事多し。これ江戸の人も謡などよくうたふ人には決して無し。藩の五十嵐又平は江戸生れにて謡を善くする人なり。廻国《クハイコク》の僧にて候、観音《クワンオン》薩埵などうたへ共、カイコク　カンノンとは言はず。されば是も方音ユの如くにて、江戸にても心ある人は、本音に唱ふと見えたり。されど怪むべきは渡辺伯秀の話に江戸の子供は句読を授くるに、関々雎鳩を幾度教へてもクワ

単純な対照だが、詳しい説明の例を挙げる（本文は三矢重松『荘内語及語釈』による）。

結構人を江戸にて気がよいといへば気象のさへたる事とす。庄内にて気がよいといへば気象のさへたる事とす。近年江戸にて心に望まぬ事を気がないと云は下賤の詞にてよき人は云はず。

せつないヲこわゐ

（江戸語の）こわゐとは怖《おそろ》しいと云事也。庄内にてこわい仕事じや、こわい役じやなどゝ、せつなく大義なる用とす。上方にてはしんどいと云。

(17)　「ゆうがた」のように本来濁る語を濁る場合（例のうち「まねぐ」は誤り）は「しかと濁る」のであり、「よしつね」のように本来濁らない語を庄内方言で濁る場合を「中段の濁り」と呼んで区別しており、「中段の濁り」は上方語等には存在しないため、「しかと濁る」ものと同一視されると述べる。実際の発音では「しかと濁る」ものは鼻濁音、「中段の濁り」は普通の濁音だったものと考えられている。

(18)　観音ヲかんのん

庄内にてくわんをんといふは例のよみくせ知らずが文字自満也。上をはぬれば下はのみて唱るが習也。

江戸にてはクハのかなを惣てカと云。かし、やかん、すいかんの類也。

「すいかん」は「西瓜」か。『丹波通辞』に「西瓜《すいくは》すいくはん」の例がある。

ン〳〵タルとは言ひ得ず、カン〳〵タルシヨキウとばかり言ふには困りたりと語れり。

庄内語では連声を用いないことを述べた条では、他の方言とも関連させて、詳しく様々な連声を説明している。ハ行音の半濁音化も連声に含めている点が注意される。まず撥音に下接する場合を、

莊内の士人は音便連声と云ふ事を知らずして訛る言語多し。……上の音ンとはねたる下の音アイウエヲはナニヌネノに転じ、ハヒフヘホは半濁に転ずるなり。

として、例を挙げ(22)、促音に下接する場合については、

又　上の音ツと詰まりたる下の音アイウエヲはタチツテトに転ず。ハヒフヘホは半濁に転じ、ヤヰユヱヨは拗音に転じ、ワヰウヱオはタチツテトに転ずるなり。

として、例を挙げる(23)。連声の方言差について、京都では連声は日常の言語に行われているが、江戸では文字の通りに「唱へ」て、連声に発音しない人が多いとする(24)。

庄内ではハ行音を唇音に発音するという解釈される注目される記述もある。

(19)　?―天保五（四？）年（一八三四）庄内藩校致道館司書。木製活字版や木版本「毛詩」「論語」を出版。堀季雄の次女の夫。通称「剛大夫」。

(20)　冒頭に（以下本文は注（16）所引三矢著書による）「方音とは一方の音韵の事を云なり。天下の正音に対して是を方音と云へるなり。……此方の音、もとより士太夫の上には有ること無し。只庶人の訛音の事と知るべし。」とあり、方言音は庶民の発音であると言う。江戸へ上る機会のあった武士階級は一種の共通語としての江戸語の発音を身につけていたことになる。

(21)　方音　カキクケコ　タチツテトの十音には必ず清音と濁音との間の一種の音あり。仮に中濁と名く。此方音は士大夫と雖も免れず。例へば、鷹をタカ、柿をカキ、行くをユク、酒をサケ、章魚をタコ、勝をカツ、的をマト　と云へるが如き、△点の文字皆中濁なり。是上方に無き音なる故、鷹と云へば鑰《タガ》と思ひ、柿は鎰《カギ》に混じ、……是上方の外も何方にも此中濁の音絶えて無き故、少しにても濁れば本濁に聞きなす故なり。余一ト年、最上郡を通りし時、士人行くと云ふ事をユグと言ふ。莊内にては中濁に言ふを爰にては本濁に呼びしなり。莊内にて是を笑へ共、実は五十歩百歩なり。

(22)　ア行→ナ行の例に「銀杏《ギンナン》・雲林院《ウンリンニン》・陰雲《インヌン》・寛永《クワンネイ》・観音《クワンノン》」を、ハ行→パ行の例に「新板《シンパン》・陳皮《チンピ》・君父《クンプ》・権柄《ケンペイ》・根本《コンポン》」を挙げる。他に、ヤ行→拗音の例に「今夜《コンニャ》・面談《メンニュ》・陰陽《インニョウ》」を、ワ行→ナ行の例に「天和《テンナ》」を挙げる。

方音のハは合音のみにして開音に呼ぶ事甚だ少し。母をハハ《合合》と言ひ、……江戸の人はハハ《開開》と二字共に開音に呼ぶ。……江戸荘内ともに人に応ずる詞ハイ荘内は合江戸は開と言ふに、……

江戸語のハ行子音が［h］であるのに対して、庄内語では唇を合せる音、すなわち［Φ］であったことを示すと考えられる。

中山信名[25]著『常陸方言』は、常陸方言の語を挙げて説明し、常陸国内部での違いにも触れ、時に江戸語との対照も行っている。江戸末期の常陸方言の唯一の資料である。

中部方言の語彙集　山本格安《ただやす》著『尾張方言』[26]がある。意義部門別に尾張方言の語を掲げ、注釈を施してある。江戸語ではなく京ことばと対比している点が興味深く、九州方言との比較も見える。

すりぎ　亦すりこぎと云○京にれんぎと云○御所詞に
めくりといふ
いぬやまかうじ　茅藤果○京にからたちはなと云筑紫
にやふかうしといふ　按《安》郷語本是犬やぶこうじ今山

(23)　ア行→タ行の例に「一握《イッタク》・八音《ハッチン》・密雲《ミッツン》・忽焉《コッテン》・一翁《イッタウ》」を、ハ行→パ行の例に「合羽《カッパ》・橘皮《キッピ》・実父《ジップ》・屈平《クッペイ》・鉄砲《テッポウ》」を、ヤ行→拗音の例に「月夜《ゲッチャ》・逸遊《イッチユウ》・葛葉《カッチヨウ》」を、ワ行→タ行の例に「越王《エッタウ》」を挙げる。

(24)　「此事京師の人などは、平日の言語皆此通りなれば」と述べる一方、「右の連声、江戸の人などは守らぬもの多く、殊更に唱へにして呼ぶ人あり。例へば文右衛門と云へる人を、江戸の人はブンヱモンと字の通りに唱へ、荘内にてはブンニモンと唱ふ。」と述べる。逆に庄内でも「土人」以外は連声に発音する場合があったことも分る。

(25)　天明七年（一七八七）―天保七年（一八三六）

(26)　寛延元年（一七四八）成立。著者は生没年未詳。序に本書作成の経緯を「……余嘗欲集本州之俗辞、異於他邦者、然以不能偏知天下之方語、而分其同異、遂一旦廃矣。雖然意不能止、是以復起筆集之。粗定以為郷語。恐猶有佗国之通語、雑出於其間也。……」と述べる。「本州」（尾張）の「俗辞」（方言）で「他邦」（他の地方）と異なる語を集めようとしたが、全国のことばを知って同じか異なるかを分けることは不可能で、作業は一旦中絶したが、やはり止めることが出来なくて再開した。大体の判断で尾張方言の語を定めたが、他国のことばも混じていることを恐れる、ということである。

といふは訛れり

当期の尾張方言の唯一の資料である。

関西方言の語彙集　『浪花聞書』(27)は、約六五〇語の大阪方言の語をいろは順に排列し、語釈し、あるいは江戸語で対訳している。よく使われる基本的な語を多く採録し、実際の会話に用いられる形を重視し、〈大阪ではこうは言わない〉という注意を記すのは、実用的性格の表れである。

わし　私也　わたしとは不言　わっち也

しめる　戸障子をしめることをたてると云ては不通

次はアクセントにも及び、江戸のアクセントを「関東なまり」とする。

風呂屋《フロヤ》　銭湯也　ふろ又ゆともいふ　しかし関東なまりにて湯は何処にある抔《など》尋れば柚《ゆ》の有所八百屋をおしゆるなり　なまればゆずのことになる也(28)

敬語や接尾語的なものも取上げられている。

しやつた又しやる　出やしやつた来《キ》やしやるなど蔭にてもあがめ云言葉也　江戸の出さしつた来さしや

(27)　別名『浪花方言』。著者未詳。成立年も不明だが、「て」の部に「今年文政二年の春」とあるので、執筆は文政二年（一八一九）と考えられる。

(28)　「湯」を関東アクセントで発音するとゆずの意の「柚《ゆ》」と間違われることを注意している。

るなり

かしい　何々してかしいはしてくれ也

(29)『新撰大坂詞大全《ことばたいぜん》』は、約四〇〇語の大阪方言の語をいろは順に排列し、語釈はほとんどの場合「どたまとはつむりのこと」のように簡単に意味だけを述べる。

(30)『丹波通辞』は、序文によれば同じ丹波の生れでありながら「家僕」と草木の名が通じにくいことに驚き、正しいことば（当時の共通語）と方言の対照書を作ったのである。最初に「丹波郷談」として「鶯《うぐひす》　ほけしろ」のように共通語と方言形の対照を記した後、「是より猶誤リ言葉を書集む」として、「はねべきをはねざる」（「大根《だいこん》　だいこ」等）「はねまじきをはぬる」（「秘密《ひみつ》　ひんみつ」等）「引べきをひかざる」（「豆腐《とうふ》　とふ」等）「引《ひく》まじきを引」（「箕　みい」）「つめて悪敷」（「眉間《みけん》　みつけん」等）など、方言語形を誤りと見る立場から共通語との発音の違いを綿密に法則化し、それぞれに語例を挙げて、方言語彙を分類している。他の方言語彙集に比べて、独創的な分類である。

(29)　著者未詳。天保十二年（一八四一）刊行。『浪花聞書』とくらべると、一致する語は非常に少なく、説明の仕方も『浪花聞書』とは異なる。上に引いた例の「どたま」の場合を『浪花聞書』の「悪たへ（悪態）にいふ言葉也　江戸で云あたま也」という説明と比較すると違いが分る。

(30)　著者、成立年代とも未詳。序文に「或時草木《あるときくさき》の枝《えだ》、聊《いささか》用《もちゆ》る事有《ことあり》て、召《めし》つかひの僕《ぼく》に、かれ是取《これとり》て来《きた》れと云《いゝ》しに、其名《そのな》を知《し》らずといふ。用足《もちゆるにたら》ねば、自身山野《じしんさんや》に罷《まか》りて、彼僕《かのぼく》に柏《かしわ》は是《これ》なりといへば、いや是《これ》はこゞぜなりといふ。これを犬《いぬ》つげよといへば、けつろなりと云。予《よ》も此国《このくに》の産《うまれ》なれど、聞《きゝ》なれぬ名也《ななり》。……それにつきもろ〳〵の詞を聞《きゝ》て、書付《かきつけ》侍る。……丹波通辞《たんばつうじ》と名《な》づけて家僕《かぼく》に投与《なげあた》へき。」とある。

九州方言の語彙集

『筑紫方言《つくしことば》』[31]は、上段に江戸語、下段に「九州の方言《つくしのことば》」を記し、必要に応じて注釈を加える。著者は、江戸語について、全国通用の言葉も多いが、多くは「ちまたの俗語」でなまりも少なくないと批判しており、江戸語を正確にとらえている。[32]また、九州方言に「見ゆる」のような二段活用形があることについて、[33]各行に活用する例を挙げて、「すべて斯やうに俗にえけせてねへめえれえのかなを用ふる言葉を長崎にてはかならずうくすつぬふむゆるうのかなにかへいふ、常の事也」とし、また「されど肥後はもとよりにて、肥前にても長崎をおきてこと所又筑前筑後などにても、見ゆる　聞ゆるなどいふもの多くあれど、中にはたがへるもすくなからず。ひとり長崎にては雅人はさらにもいはず、いかならんいやしき下郎里人なりともおしなべて一言だにたがへる事なし」とする。九州方言内での差を明らかにしているのである。

またガ行の濁音について次のように言う。

不知顔など云はんにしらずのずもじはおもく濁りて、がほのがもじはもと語勢によりて濁るかななれば、が

(31)　著者、成立年代未詳。宣長の『玉勝間』からの引用があるところから、十九世紀に入ってからの成立と考えられる。明確な分類はないが、一三五語が人倫・動作・器物など意味によって排列されている。

(32)　冒頭に、「江戸の方言の中には雅俗《がぞく》通用の言葉も少からず。また余の国〳〵にていへるとおなじ言葉もあり。……その江戸の俗語にど、おおくはちまたの俗語《ぞくご》なり。……その江戸の俗語にはいみじうなまれるもすくなからねど……」と述べる。

(33)　このことに関連しては、『玉勝間』が「肥後の国人」が「見ゆる」など二段活用形を用いることについて古語が田舎に残ると言っていることを引いている。

ほとかるく濁りてしらずがほといふべきを、しらずがほとやうに二字ながら重くのみ濁りていへるいと耳だつやうにこそ聞えたりけれ。すべて五音五十字の中にさ行　た行　は行のかなはもとより軽くは濁りがたく、……ひとり　か　き　く　け　こ　のかなはおもくもかろくも自在に濁べきかなゝるを一むきにおもくのみ濁りいへり。

ガ行の濁音のみ「軽く」濁るものと「重く」濁るものとの二種類あり、ガ行以外の濁音はすべて「重く」濁るのであるから、ガ行の「軽く」濁るものだけが特殊であることになる。「軽く」濁るものはガ行鼻濁音であると考えるべきであろう。連濁の場合にガ行の濁音を鼻濁音で発音しない傾向を非難しているのである。(34)

野崎教景著(35)『(筑紫)浜荻』(36)は、久留米中心に筑後の方言を集め、いろは順に排列、解説した書で、約六〇〇語を収める。永田直行著(37)『菊池俗言考』(38)は、肥後熊本方言の語をいろは順に排列、解説する。収録語一一五九語だが、熊本方言特有語に限らず全国的な語も含まれている。

(34)　佐藤喜代治編『国語学研究事典』(昭和五十二年〈一九七七〉)の『筑紫方言』の項がこの記述に触れ、「ガ行鼻音を非鼻音で発音すること」と述べる。
(35)　文化十三年(一八一六)―嘉永五年(一八五二)
(36)　著者は久留米藩の儒者であるが江戸在住で、久留米に滞在したのは天保十年五月から翌年の五月までだけのようで(岡島昭浩『はまおき』解題〈奥村三雄『九州方言の史的研究』所収〉)、本書もその時の語彙蒐集によるものであろう。
(37)　文化九年(一八一二)―明治八年(一八七五)　著者は熊本菊池神社の設立に奔走し、後社司となった人。
(38)　嘉永七年(一八五四)の自序があるが、写本で伝えられたものである。

27　近代における方言研究

江戸時代にすでに全国に渡って方言研究が進んでいたが、明治維新以後、江戸が東京と改称され、江戸語がおのずと全国共通語と意識されるようになり、国語教育の面でも全国的に共通語を以て教育しようとする機運となった。それにはまず全国の方言の実態調査が必要となり、明治三十六年（一九〇三）文部省に国語調査委員会が設置され、全国的に音韻調査と口語法調査が行われた。その結果、明治三十八年[1]『音韻調査報告書』『音韻分布図』が、翌三十九年[2]『口語法調査報告書』『口語法分布図』が刊行された。これは、全国的言語調査としては世界的にみても早い時期に属するが、調査事項について各府県に回答を依頼するという形式であるため、信頼性に問題がある。『音韻調査報告書』は、二十九項目についての調査の結果の報告で、それを整理して作られた『音韻分布図』が付録の形で刊行された。『口語法調査報告書』は、三十八項目についての調査の結果を載せたもので、『口語法分布図』が別冊付録と

（1）　報告書は亀田次郎・榊原《さかきばら》叔雄《としお》が整理し、分布図は上田万年・新村出・亀田次郎が担当した。各府県の担当者の多くが音声学の素養に欠けていたため、問題が多い。

（2）　同委員会の岡田正美・保科孝一・新村出・亀田次郎・神田城太郎・榊原叔雄の担当。『音韻調査報告書』より信頼性が高い。

なっている。東西方言境界線・九州地方等の二段活用の残存など、新しい発見が多い。

以後現代に至るまで、様々な方言研究が活発に行われているが、大正・昭和にかけて特に顕著な業績を挙げたのは東条操と柳田国男である。

東条操(3)は早くから国語調査委員会嘱託として方言調査に関係していたので、日本の方言には地域的に区画のあることに気付き、「方言区画論」を実証した。日本の方言に地域的に特徴があることは江戸時代の方言書にすでに指摘のあることであった。これは自然地理的に高山や大河によって区画がなされ、さらに幕藩体制によって封建諸藩が他藩と交通することがさまたげられたという人文地理的な条件も重なって、おのずから形成されてきたものである。したがって言語現象における二地域の相違をいくつか重ね合わせると、そこにある種の線が引かれることが方言区画論の理論的根拠である。昭和になってアクセント(4)の研究が盛んになり、その結果からも方言間にある種の区画があり、境界線が存在することが明らかとなり、その境界線が東条の

(3)　明治十七年（一八八四）—昭和四十一年（一九六六）　学習院大学教授。編著『日本方言学』（昭和二十九年〈一九五四〉）『全国方言辞典』（昭和二十六年〈一九五一〉）

(4)　本書151ページ参照

提唱した区画論とおおむね一致することから、方言区画論は一層確実さを増した。

柳田国男(5)は日本民俗学の創始者であり、その思想は日本の民俗の理解と解釈にあった。したがって庶民のことばの歴史に深い関心を持ち、かたつむり(6)という語の全国的な分布と、その文献に残された語形とから、ことばが文化の中心から次第に地方に広まっていく「方言周圏論」を提唱した。これは古来言われていた「古語地方残存説」を理論付けるとともに、フランスで唱えられた「言語地理学」と一脈通じる点もあり、広く人々に首肯された。

戦後、国立国語研究所が設立され、社会学的・統計学的に各地の言語調査が行われ、昭和四十年代に『日本言語地図』が完成した。

(5)　明治八年（一八七五）―昭和三十七年（一九六二）貴族院書記官長。松岡静雄（本書130ページ参照）の兄。『定本柳田国男集』に全業績を収める。

(6)　『蝸牛考《かぎゅうこう》』（昭和五年〈一九三〇〉）刊

IX　国語アクセントの研究(1)

28　近代におけるアクセント研究

明治時代になって東京語が全国共通語の位置を占めるようになると、東京語のアクセントについての関心が高まり、小説家山田美妙は『日本大辞書』(2)で東京語のアクセントを示した。その後、明治から大正にかけて(3)佐久間鼎(4)・神保格(5)が東京語アクセントの新しい見方を示した。山田美妙が東京語アクセントを上下の二段階と見たのに対し、佐久間・神保は、上中下の三段階と見たのである。日本語アクセントは音の高いか低いかの感覚であるから相対的なものであり、二段階で解釈できるか、三段階がよいか、さらにもっと細かい段階を設けるべきか、諸説(6)が有る。現在では歴史的文献との対応から二段階に分ける説が有力である。

日本全国アクセントの地理的研究

昭和になるとラジ(7)ジ

(1)　国語のアクセントは「声調の研究」（本書27ページ）で述べたごとく、古くより記録されたものがあるが、近代的な視点から研究が始まったのは明治以後のことと思われるので、特に「アクセント」という用語を用いて、「声調」と区別して一章を設けた。

(2)　本書128ページ参照

(3)　稲垣正幸「国語アクセントの研究概観―附、国語アクセント研究文献目録」（『国語アクセント論叢』昭和二十六年〈一九五一〉）に詳しい。

(4)　明治二十一年（一八八八）―昭和四十五年（一九七〇）　心理学者。九州大学教授。東洋大学学長。著書『日本音声学』（昭和四年〈一九二九〉）。

(5)　明治十六年（一八八三）―昭和四十年（一九六五）東京文理科大学教授。著書『国語音声学』（大正十四年〈一九二五〉）。

(6)　柴田武「音韻（現代）」（国語学会編『国語学の五十年』平成七年〈一九九五〉）

(7)　大正十五年（一九二六）日本放送協会、放送開始。

オ放送により東京語の肉声が全国に伝わるようになり、各地のアクセントとの違いが改めて意識され、国語教育の場においてもその相違が問題となり、各地方言のアクセントの研究が行われるようになった。この方面の研究を開拓し、実践し、理論的根拠を与えたのは服部四郎(8)であり、その成果は次の諸点である。

1、関東(9)のアクセントと関西(10)のアクセントとの間にははっきりした境界線がある。

2、中国地方のアクセントは関西アクセントからへだたり、かえって関東アクセントに近い。

3、諸方言のアクセントの間には規則正しい型の対応関係が見られる。

4、仙台地方のアクセントは、関東・関西のいずれとも異なる一種独特(11)のアクセントである。

5、全国諸方言のアクセントは、関東式・関西式・仙台式のいずれかに分属されそうである。

6、琉球語のアクセントも国語のアクセントと同系である。

(8)　「近畿アクセントと東方アクセントとの境界線」(『音声の研究』III、昭和五年〈一九三〇〉)「国語諸方言のアクセント概観（一）―（六）」(『方言』一・二、昭和六年―八年〈一九三一―三三〉)「アクセントと方言」(『国語科学講座』、昭和八年〈一九三三〉)

この項、稲垣正幸「国語アクセント研究概観」による。

(9)　「関東」の他に、「東京」「乙種」などとも呼ぶ。

(10)　「関西」の他に、「京阪」「甲種」などとも呼ぶ。

(11)　後に「一型アクセント」といわれる。

この研究に刺激を受けて、全国各地のアクセント研究が盛んとなり、アクセント境界線を探索する研究が次々と発表されて、[12]日本全国のアクセントの地理的状況はほぼ明らかになった。

アクセントの歴史的研究　右の服部四郎説の第3点、各方言間には型の対応が有るという見解は、ある一方言のある型に属する語は、他の違うアクセント体系の方言においては、ほとんどすべてまとまって違う型になるということで、これはアクセントの地域的比較をする場合の根本原理になるものである。これと同じことが過去の文献のアクセント記述にも見られ、それによってその時代のアクセントの様相がわかるということに気付いたのも服部四郎であり、江戸初期の真言宗の論議書[13]『補忘記』について江戸初期の京阪アクセント体系の再構に着手した。これと全く同じ方法を用いて、金田一春彦はさらに多数の語彙にアクセント表示をした『類聚名義抄』について平安時代の京都のアクセント体系を再構した。金田一春彦はさらに、[14]『平家物語』の「正節《まぶし》」から、また、鎌倉時代の仏教音楽である

(12)　平山輝男『全日本アクセントの諸相』（昭和十五年〈一九四〇〉）
同『全国アクセント辞典』（昭和三十五年〈一九六〇〉）
金田一春彦「関東地方に於けるアクセントの分布」（『日本語のアクセント』、昭和十七年〈一九四二〉）

(13)　服部四郎「補忘記の研究」（『日本語のアクセント』）
金田一春彦「補忘記の研究、続貂」『日本語のアクセント』）
金田一春彦「現代諸方言の比較から観た平安朝のアクセント」（『方言』七の六、昭和十二年〈一九三七〉）
同『国語アクセントの史的研究　原理と方法』（昭和四十九年〈一九七四〉）
同『日本の方言　アクセントの変遷とその実相』（昭和五十年〈一九七五〉）

(14)　金田一春彦『平曲考』（一九九七年）

声明《しょうみょう》の『四座講式』[15]から当時のアクセントを再構した。

この系統を引く研究に、桜井茂治[16]・秋永一枝の研究があり、ことに秋永[17]はアクセント史資料研究会を組織し、『日本語アクセント史総合資料索引篇』『同研究篇』[18]を作成した。

太平洋戦争後出現した『図書寮本類聚名義抄』はそれまでアクセント資料として扱われてきた『観智院本類聚名義抄』の元の形と認められ、小松英雄はこれによって『日本声調史論考』[19]を著して金田一春彦の再構した平安時代のアクセント体系に修正を加えた。さらに『国語史学基礎論』[20]によって『古事記』のアクセントの解明を試みた。

アクセントの歴史的研究が進むに伴い、アクセントと定家仮名遣との関係があったことが大野晋[21]によって明らかにされた。定家仮名遣で「お」と書くのは平声であり、「を」と書くのは上声であるというのであるが、これによって行阿[22]の『仮名文字遣』、橘成員の契沖批判などの意味もよく理解されるようになった。

(15)　金田一春彦『四座講式の研究』（昭和三十九年〈一九六四〉）

(16)　桜井茂治『新義真言宗伝『補忘記』の国語学的研究』（昭和五十二年〈一九七七〉）

(17)　桜井茂治『古代国語アクセント史論考』（昭和五十年〈一九七五〉）

(18)　秋永一枝『古今和歌集声点本の研究』（一九八〇）

(18)　『索引篇』は平成九年（一九九七）、『研究篇』は平成十年（一九九八）。

(19)　昭和四十六年（一九七一）刊

(20)　昭和四十八年（一九七三）刊

(21)　本書32ページ参照

(22)　本書34ページ参照

X　外国人の日本語研究

29　キリシタン語学

キリシタン教団の日本語研究　十六世紀の後半から十七世紀の前半にかけて、日本布教に従事した(1)キリシタン教団（主としてイエズス会）は、伝道のために日本語について精細な研究を行い、(2)文法書や辞書を編纂して(3)刊行した。

その日本語研究の主要な業績は、文法書では、(4)ロドリゲス著(5)『日本大文典』であり、辞書では日本語とポルトガル語の対訳(6)『日葡辞書』である。その他、ロドリゲス著(7)『日本小文典』、(8)『ラテン文典』、漢和辞書(9)『落葉集《らくようしゅう》』、(10)『羅《ら》葡日《ほにち》対訳辞書』などがある。

キリシタンの宣教師には、懺悔を聴く役目と説教をする役目があった。聴罪師としては、様々な地方・階層のことばを理解する必要があり、説教師としては、教義を正確に伝え、異教徒の聴衆に畏敬の念を起こさせるために、上品

(1)　カトリック教会内の修道会の一つであるイエズス会のフランシスコ・ザビエルが来日したのは、天文十九年（一五四九）である。

(2)　初め、宣教師たちは各々文法書や辞書を作ったが、イエズス会の教育機関であるコレジオ（学林）やセミナリオ（神学校）が出来てからは、そこでの教授用の語学書を組織的に作成した。

(3)　巡察使ヴァリニャーノが天正十八年（一五九〇）ヨーロッパの活字印刷機をもたらし、九州島原半島の加津佐・天草、および長崎のコレジオで同十九年以降印刷事業をおこし、ローマ字本・国字本の書物（キリシタン版）を刊行した。

(4)　イエズス会の宣教師 João Rodriguez（一五六一—一六三四）。ポルトガルに生れ、天正五年（一五七七）来日し、イエズス会に入会、教育を受けてパードレとなった。特に日本語にすぐれ、通訳として活躍し、信長や家康とも面談している。

(5)　原書名は Arte da lingoa de Iapam〈日本文典〉であるが、『日本小文典』に対して『日本大文典』と呼んでいる。原文ポルトガル語。慶長九年（一六〇四）から十三年にかけて長崎のコレジオで印刷刊行された。土井忠生訳『日本大文典』がある。

(6)　原書名は Vocabulario de lingoa de Iapam com a declaração em Portugues で、〈ポルトガル語で説明をした日本語の辞書〉の意味である。編者はイエズス会の

で正しい日本語を話す必要があった。キリシタンの語学書はこのような必要を満たすものでなければならず、特に重要な説教のための規範的日本語を重視したのである。また、日本語の特質として敬語をきわめて重視している。

遅れて日本に進出したドミニコ会のものとしてはコリャ[11]ードの著した『日本文典』[12]『羅西日対訳辞書』[13]がある。

ロドリゲス著『日本大文典』　全三巻で、第一巻は名詞の格変化、動詞の活用、品詞の分類・形態を、第二巻は文の構成、敬語、方言、発音、韻文を、第三巻は文体、書状、人名、計数等を、それぞれ扱っている。この構成は基本的に『ラテン文典』に従ったものであるが、独自の色合いも強い。文法を中心にはしているが、それだけでなく日本語のほとんどあらゆる事象に及んだ研究書で、高度な中世後期日本語概説書の内容を備えているのである。

文法範疇は基本的にラテン文法に従っているが、それだけでは解明できない日本語の文法事実にも注意を向けている。品詞も、ラテン文法の八品詞に対し十品詞を立てる。[14]日本語の形容詞（形容動詞も含む）がラテン語の形容名詞

宣教師数名であるが、名前は不明。本編は慶長八年（一六〇三）、補遺は同九年に長崎のコレジオで印刷刊行された。

(7)　一六二〇年マカオ刊。『日本大文典』の所説をまとめたものであるが、動詞活用表、敬語、五十音図の説明など、一歩すすんだところもあり、独自の価値を持つ。福島邦道「ロドリゲス小文典考」（『キリシタン資料と国語研究』所収）参照。翻訳には池上岑夫訳『ロドリゲス日本語小文典』、日埜博司編訳『日本小文典』がある。

(8)　マヌエル・アルヴァレス著『ラテン文典』が欧文のまま、一部分に日本語の註記を加えて天草のコレジオから文禄三年（一五九四）に刊行された。

(9)　慶長三年（一五九八）長崎刊

(10)　文禄四年（一五九五）長崎刊。ラテン語の見出し語を掲げ、対応するポルトガル語および日本語を記してある。イエズス会の宣教師が日本語学習の必要上、彼等の通用語であるラテン語から日本語を求めることができるように作成されたものである。

(11)　スペイン生れの宣教師（?—一六三八）。フィリッピンのマニラで日本語を勉強した後、元和五年（一六一九）来日、九州地方で布教に従事し、一六二二年ローマに帰った。

(12)　一六三二年ローマ刊。原文スペイン語。訳本に大塚高信訳『コリャード日本文典』がある。

(13)　一六三二年ローマ刊。稿本はスペイン語と日本語の

と動詞の性格を合せ持つことに注目し、「形容動詞」とした(15)ことなどは、ロドリゲス独自のすぐれた見方である。口語の語法を中心とした文法論で、これは明治まで日本では全く行われなかったことである。もっとも、文語も重視していて、「話しことば」に対して「書きことば」の活用を別に掲げ、助辞についても「書きことば」に用いるものも挙げて説明を加えている。

　敬語論では、日本語の特徴の一つとして敬語の存在を指摘し、敬語は動詞（助動詞を含む）と名詞に接続する助辞に見られるとして(16)、その用法を詳しく説いた。さらに、敬語は待遇関係をしめすものであることを認識し、話し手と聞き手の身分上の関係、話題の人物と話し手・聞き手等の関係が敬語の使用を規定する条件となることを明らかにしている。具体的な用法については、敬語に尊敬だけでなく謙譲・丁寧を意味するものがあることを説いた。これらはすべて当時の日本人の研究には見られないもので、非常にすぐれた見識である。

　発音に関する論では(17)、オ段長音の開合の別、濁音の前の

対訳であったが、後布教本部の意向でラテン語で引く体裁にして刊行された。規範的なイエズス会の『羅葡日対訳辞書』と異なり、俗語・方言が相当数見られるとされる。

『羅西日辞典』（大塚光信解題・索引、昭和四一年〈一九六六〉）

『コリヤード自筆西日辞書』（大塚光信・小島幸枝共編、昭和六十年〈一九八五〉）

(14)　『日本大文典』の「日本語の品詞に就いて」の条に、名詞、代名詞、動詞、分詞、後置詞、副詞、感動詞、接続詞、格辞、助辞、の十品詞とする。「格辞」（格助詞および「は」）と助辞（それ以外の助詞等）は日本語に特に認めた品詞で、それ以外はラテン語文法により、「後置詞」は「前置詞」の名称を日本語に合せて変えたものである。

(15)　当時のラテン語文法ではいわゆる形容詞は「形容名詞」（「形容詞」とも呼ばれる）で「実名詞」ともに品詞では「名詞」に分類される。日本語の「形容動詞」はロドリゲスの分類では「動詞」に入る。土井忠生「ロドリゲスの形容詞論」（『吉利支丹語学の研究』昭和十七年〈一九四二〉所収）参照。

(16)　「敬語動詞」として「召す」「宣ふ」「ござる」等を挙げ「謙語動詞」として「参る」「申す」「致す」等を挙げる。また、助辞としては、「るる・らるる」「御―ある」など敬意を示すもの（尊敬語）、「参らする」「申す」

鼻音の存在、連声など、当時の日本語の発音を正確にとらえて述べている。漢字についても、「こえ」（音）と「よみ」（訓）の別を正しく把握し、説明を加えている。

方言に関する条も詳しく、明治以前でこれだけ全国の方言について書かれたものはない。「都」「中国」「豊後」「肥前・肥後・筑後」「筑前・博多」「下《しも》（九州）の地方全般に関する附記」「備前」「関東・坂東」の各方言の特徴を記述してあり、(18) 特にキリシタンの本拠地であった九州方言については詳細である。

ロドリゲスは本書を著すにあたって、日本における文法研究も参考にした。品詞分類の項で日本で行われていた「名」「詞」「てにをは」の三分説を紹介している。また文末の「や」の七種の用法を説いた部分も、連歌書によったものである。(19)

『日葡辞書』　当時の口語語彙を中心に、文書語・詩歌語・方言語彙・仏法語・教会用語等を注記付きで採録している。見出し語を掲げ、意味を記し、必要な場合は口語語彙についても卑語・婦人語などと注記(20)し、あるいは同義

など卑下の意を添えるもの（謙譲語）、「候」「侍る」など鄭重さを示すものを挙げる。

(17)　オ段長音には二種類あって、一つは「ひろがる」「開く」音でキリシタンのローマ字綴では「ŏ」と表記し［oo］と発音するとし、もう一つは「すばる」「合はする」音で「ô」と表記し［ou］と発音するとする。前者は仮名で「かう」「さう」などと表記されるもの、後者は「こう」「そう」などと表記される音である。

(18)　たとえば、「都」について、そのことばは模範とすべきものだが、四つ仮名の発音の乱れがあることを指摘し、「関東・坂東」については、「べい」や打消の「ない」の使用、形容詞連用形の非音便形（「白く」など）の使用、ハ・ワ行四段活用動詞連用形の促音便（思った）、「セ」の音節を都のように［ʃe］でなく［se］と発音することなどを述べる。

(19)　第二巻の感動詞の「文末のYA（や）」の条に、「口《くち》合《あい》のや」「切るや」「中《なか》のや」「捨て・捨つるや」「はのや」「疑《うたがい》のや」「すみのや」の七用法を挙げるが、連歌書に同様の記述が見られる。たとえば『一紙品定《いっしなさだめ》』の「連歌手爾波口伝」に、右と同じ七種類の用法を挙げ、例歌を示している。土井忠生「ロドリゲス著日本文典と手爾波研究」（『吉利支丹語学の研究』所収）参照。

(20)　他に、漁師、剣術、戦争、船乗り、馬子、医師、神道、八卦、茶の湯などの特殊用語も注記されている。な

語や対義語を記す。単に意味だけでなく、その語の性格や用法を明らかにしようとする態度が見られる。収載語数は本編補遺合わせて約三二八〇〇語に及ぶ膨大なもので、近代に至るまで日本語でこのような説明付きの大部の辞書は作られたことはなかった。

語の説明の方法として、漢語の場合は、多く次のようにまず訓読みの形を掲げてから語釈する。同義語を示す場合もある。

[21]Baibai. Vri cǒ. *Comprar, & vẽder, ou mercancia.*

[22]Guinga. i, Amanogaua. *Via lastea.*

語義の説明では、意味の変化や比喩的用法などにも注意が払われている。訳文で示す。

Xinca. シンカ（臣下）　国王の身分ある家来。ただし、今日ではもはやどの主君であれ、その身分ある家来の意に解せられる。

Caname. カナメ（要）　扇の心棒、あるいは、締めねじ。¶また、比喩。問題の事柄の基づく基盤となる事。例、Corega canamede gozaru.（これが要で

お、本書全般について、森田武『日葡辞書提要』（平成五年〈一九九三〉）が詳しく、よるべきものである。

（21）土井忠生・森田武・長南実編訳『邦訳日葡辞書』（昭和五十五年〈一九八〇〉）による訳を示す（私に振仮名を付す場合がある）。以下の例についても同様。ただし原文は横書き。
Baibai. バイバイ（売買）Vri cǒ.（売り買ふ）売り買いをすること、すなわち、商売。

（22）Guinga. ギンガ（銀河）Amanogaua（天の河）に同じ。天の川。

ござる）これが肝要な事であり、物事の基本である。

規範性重視の立場から、より正しい語形を示す場合がしばしば見られる。

Tanne, uru. タンネ、ヌル（たんね、ぬる）　または、Tazzune, uru（尋《たづ》ね、ぬる）とも言い、むしろその方がまさる。尋ね問う、あるいは、探し求める。

Fonxin. ホンシン（本心）　Fonjin（本心《ほんじん》）という方がまさる。Fonno cocoro.（本の心）自分自身の感性、あるいは、思慮分別。……

国内資料との関連では、『節用集』『下学集』などの辞書や歌学書が利用されたと考えられている。[23]

『落葉集』　「落葉集本篇」「色葉字集」「小玉篇」の三部に分れる。

「落葉集本篇」は、漢字をその音によっていろは順に排列し、その漢字を上部要素にする漢語を並べている。

(23)　注(21)所引森田著書参照。歌学書としては『藻塩草』『八雲御抄』などが挙げられる。

○医《い》《くすし》 ―家《け》《いへ》 ―者《しゃ》《ひと》 ―師《し》《つかさ》 ―士《じ》《おとこ》 ―斈士《がくじ》《まなぶおとこ》 ―道《だう》《みち》 ―法《はう》《のり》
―斈《がく》《まなぶ》 ―術《じゅつ》《みち》 ―療《れう》《いやす》 ―方《ぼう》《みち》 ―功《こう》《つとむ》 ―書《しよ》《かく》

序(24)によれば、従来の字書が音か訓か一方のみを記すのに不満で、音と訓を同時に学べるようにしたとあり、その工夫が見られる。

「色葉字集」は、漢字をその訓によっていろは順に排列し、他の訓も挙げ、さらに音も記している。その場合も訓と音が同時に分るようになっている。

何《いづれ》《なんぞ》《か》《いづくんぞ》 傷《いたむ》《かなしむ》《しやう》《やぶる》 偽《いつはり》《ぎ》 呪《いのる》《しゆ》 嗔《いかる》《しん》 否《いな》《ふさぐ》《ふ》《あらず》 坐《ゐる》《すはる》《ざ》《そゞろ》

「小玉篇」は、漢字の音訓を知らない場合、その形からそれを知るために編まれたものである。(25) まず一〇五の部首を意味によって十二門に分類し、(26) 各門の下の部首ごとにその部首を持つ漢字を並べ、音と訓をともに付している。

「天文門」冒頭を挙げる。

日《ひへん》 ○日《にち》《ひゞに》《ひ》 明《みやう》《あくる》《あきらか》 曝《はく》《さらす》 暝《めい》《くらし》 暗《あん》《そら》《むなし》《くらし》 昨《さく》《きのふ》 晴《せい》《はるゝ》

本書の特徴は、右のように、漢字を掲げる際、常に音と訓をともに記していることである。(27) キリシタン宣教師の漢字に対する正確な理解が示されていると言える。

(24) 次のようにある。
是つらの字書世にふりておほしといへども、あるは字のこゑばかりにしてよみなく、或はよみをしるしてこゑを記せず。是なんものゝ不足といふべきにや。茲に先達のもてあそびし文字言句の落索を拾ひあつめ、かしらに母字を置き、それにつぐ字を下にならべて、字の音声を右に記し、読を左にして、……

(25) 序に次のようにある。
右落葉集は字のこゑを用ひていろはをついで、色葉字集はよみを以て記すれば、読こゑを知て字のすがたをしらざる時の所用をなすといへども、文字のかたちを見て其よみこゑをしるに道なき便として、右両編の内より今又此せばき玉篇をあみ畢。

(26) 天文、地理、人物、声色、器財、草木、飲食、鳥獣、言語、衣服、冠弁、雑字の各門である。

(27) 音と訓の把握は正確で、ほとんど誤りはないが、「ゑ」「ぜに」を「絵」「銭」の訓とするような例が稀にある。

コリャード『日本文典』　序文によれば、[28]ロドリゲスの文典[29]から、必要な部分を受け継ぎ、新たに自分が習得したものをつけ加えて、本書を作成したとする。本書独自の記述としては、冒頭の「日本語の完全な発音のために」の条にある、ハ行音の発音の条がｆ↓ｈの変化を示すものとして注目されている。

ｆは、日本のある地方ではラテン語におけるように発音されるが、他の地方ではあたかも不完全なｈのように発音される。しかし、経験によって容易に知られるであろうが、ｆとｈとの中間の音であって、口と唇とは、完全にではなく幾分重ね合せて閉じられる。

文法に関しては、基本的にはほとんどロドリゲスの所説に従っている。[30]

(28)　「日本王国に我が正教の信仰が扶植された最初の頃、ゼズス会の神父ジョアン・ロドリゲス師によって、既にある種の日本文典が編述せられてはいるが、……もしこの文典から必要なものを取り出して、識者が見て是認されないようなものは取り捨て、さらに実地の見聞と不断の読書によって私が会得したものをつけ加え、神父達に、日本語を使用する上に必要な総ての法則を簡単に要約したならば、人々の帰依を確める準備となるであろう」とある。大塚高信訳『コリャード日本文典』（昭和三十二年〈一九五七〉）による。

(29)　『日本大文典』は当然であるが、『日本小文典』との類似点も指摘されている。土井忠生「コリャード日本文典の成立」（『日本諸学振興会報告』第3篇〈昭和十四年（一九三九）〉所収）参照。

(30)　刊本はコリャードの自筆稿本に基づいたものではあるが、自筆稿本（大英博物館蔵）ではロドリゲスの影響がさらに顕著であるとされる。

30　明治以後の研究

幕末の開国以後日本は海外に目を向けたかのように言われているが、海外からはより早く日本を注目していたので(1)ある。その仲介をなしたのはオランダの東印度商会などで、日本の陶芸・浮世絵などはつとに西欧には知られていた。当時西欧言語学の興味は世界の言語系統を明らかにすることであったから、それまでほとんど手つかずであった日本語(2)がどの系統に属するかを極めたいというのが一番の課題であった。

日本が外国人を受入れ始めると、日本に関心を持った人々が渡来するようになり、中でも日本の文化・言語について優れた研究を残した人々がある。

ヘボン(3)はアメリカから宣教師・医師として来日したが、日本語の研究を怠らず、『和英語林集成(4)』を編集し、また、聖書の和訳に尽力し、教育にも多大の貢献を成した。いわゆるヘボン式ローマ字綴りは彼の発案に成るものであり、現在に至るまで広く使用されている。

（1）西欧ではポルトガル宣教師達の日本語研究が日本研究の手引きをなした。たとえばロドリゲス『日本小文典』はランドレスによって仏訳され（一八二五年）、『日葡辞書』はパジェスによって仏訳され（一八六二年）ている。

シーボルトなどは日本に関心を持って渡来した人々の先駆者である。

（2）ボイラー『日本語ウラルアルタイ語族所属の論証』が安政四年（一八五七）にいち早く出たのもそのせいである。

（3）James Curtis Hepburn 1815-1911　みずから「平文」と署名したことがある。安政六年（一八五九）来日。横浜に施療院を開いて医療に従事し、生麦事件で負傷した英人の治療に当ったこともある。のち、明治学院の初代総理となった。明治二十五年（一八九二）帰米。

（4）A Japanese and English Dictionary　慶応三年（一八六七）初版。明治五年（一八七二）二版、明治十九年（一八八六）三版。その後版を重ねた。明治初期の国語研究に重要な書となっている。

次の書は三種の版の本文を対照させた総索引である。

飛田良文・李漢燮編集『和英語林集成　初版・再版・三版対照総索引』（平成十三年〈二〇〇一〉）

アーネスト＝サトウ(5)はイギリスの公使として明治二十八年（一八九五）来日したが、それ以前から日本の文化・語学に興味を持ち、『日本語会話篇』(6)『日本耶蘇会刊行書誌』(7)などを著わした。後者はキリシタン文献研究に多大の刺激を与えた。

バチェラー(8)はイギリスの宣教師として明治十年（一八七七）来日し、北海道に住んだ。キリスト教伝道のかたわらアイヌの研究に従事して、『アイヌ・英・和辞典』(9)を編纂して、(10)アイヌ語研究の端緒を開いた。

本格的に日本語・日本文化の研究に従事し、かつ日本における日本語学の基礎をきずいたのはチャンブレン(11)であった。彼は明治六年（一八七三）来日し、同七年海軍兵学校寮教師、同十九年東京大学文科大学教師となり、後の東京大学の上田万年・芳賀矢一らを教えた。またバチェラーのアイヌ語研究を評価し(12)、自ら琉球語を研究(13)して琉球語が日本語に近いことを論証し、後に服部四郎によって言語学的に証明される先縦を開いた。また、日本古代の文学(14)・思想(15)より近世の昔噺・俳諧まで広く翻訳を試みたのみでなく、

(5)　Sir Earnest Mason Sotow 1843-1929

(6)　（原題）Twenty-five exercise in the yedo colloquial, for the use of students, with notes. 明治六年（一八七三）刊。

(7)　（原題）The Jesuit Mission Press in Japan. 明治二十一年（一八八八）刊。

(8)　John Batchelor 1845-1944

(9)　（原題）An Ainu-English-Japanese Dictionary 明治二十二年（一八八九）刊。

(10)　アイヌ語研究はその後金田一京助（明治十五年〈一八八二〉—昭和四十六年〈一九七一〉）によって開発され、戦後は服部四郎・田村すず子・村崎恭子らによってすすめられている。

(11)　Basil Hall Chamberlain 1850-1935　チャンブレンは本人の日本字による自署。チェンバレンともいわれる。王堂と号した。代表的な日本文化に関する著述は『日本事物誌』（Things Japanese 1890 高梨健吉による訳がある）で、高梨健吉「チェンバレン主要著作目録」は有益である。

(12)　Language, Mythology and Geographical Nomenclature of Japan Viewed in the Light of Aino Studies（アイヌの研究より見たる日本の言語・神話および地名）1887

(13)　Aid of a Grammar and Dictionary of the Luchuan Language（琉球語文典および辞典に関する試論）

日本語の文法[16]、ことに近世文[17]・口語文[18]にまで注意を向けていたことは、非常に先見の明のあったことをものがたる。アストン・バチェラー・ラフカジオ＝ハーン・アーネスト＝サトウを始め広く日本人とも交際があり、近代日本の文化に貢献した第一人者といってよいであろう。

(14)　The Classical Poetry of the Japanese（日本古代の詩歌）1880

(15)　A Translation of the "ko-ji-ki" or "Records of Ancient Matters"（英訳古事記）1883

(16)　『日本小文典』（和文）明治二十年（一八八七）

(17)　A simplified Grammar of the Japanese Language, Modern Written Style（日本近世文語文典）1886

(18)　A Handbook of Colloquial Japanese（日本口語文典）1888

本書所引・研究書等一覧

Ⅰ　国語学史の意義

ソシュール 小林英夫訳　言語学原論（改訳新版）　一九四〇　岩波書店
興津達郎　言語学史・『英語学大系』14　一九七六　大修館書店
辻直四郎　「梵語」・『世界言語概説』上　一九五二　研究社辞書部
大島正二　中国言語学史　一九九七　汲古書院

Ⅱ　古語の意識から注釈語学へ

川瀬一馬　日本書誌学の研究　一九四三　講談社
小林千草　日本書紀抄の国語学的研究　一九九二　清文堂出版

Ⅲ　音韻研究

馬渕和夫　上代のことば　一九六八　至文堂
桃裕行　上代学制の研究　一九四七（一九九四・思文閣出版）　目黒書店
馬渕和夫　日本韻学史の研究　一九六二〜六五（一九八四・臨川書店）　日本学術振興会
馬渕和夫　和名類聚抄古写本・声点本本文および索引　一九七三　風間書房
京都大学文学部国語学国文学研究室 編　諸本集成和名類聚抄　一九八一　臨川書店
築島裕・小林芳規 吉田金彦 編　古辞書音義集成　汲古書院
築島裕　大般若経音義の研究　一九七七　勉誠社
小倉肇　日本呉音の研究　研究篇・索引篇・資料編一・二　一九九五　新典社
京都大学国語国文学研究室編　『古典索引叢刊』3・4　一九五八　京都大学国文学会

北恭昭	倭玉篇五本和訓集成　本文編・索引編上・下	一九九四～九五	汲古書院
馬渕和夫	韻鏡校本と広韻索引	一九五四（一九七〇・巖南堂書店）	日本学術振興会
三沢諄治郎	韻鏡研究史	一九六〇	韻鏡研究会
福永静哉	近世韻鏡研究史	一九九二	風間書房
大島正健	漢音呉音の研究	一九三一	第一書房
大島正健	支那古韻史	一九二九	富山房
大島正健	韻鏡音韻考	一九一二	啓成社
大矢透	周代古音考	一九一四	国定教科書共同販売所
大矢透	隋唐音図	一九三三（一九七八・勉誠社）	大村書店
大矢透	韻鏡考	一九二四（一九七八・勉誠社）	私家版
満田新造	支那音韻断	一九一五	私家版
高松政雄	日本漢字音の研究	一九八二	風間書房
高松政雄	日本漢字音論考	一九九三	風間書房
高松政雄	日本漢字音概論	一九八六	風間書房
沼本克明	平安鎌倉時代に於る日本漢字音に就ての研究	一九八二	武蔵野書院
沼本克明	日本漢字音の歴史的研究	一九九七	汲古書院
湯沢質幸	日本漢字音史論考	一九九六	勉誠社
湯沢質幸	唐音の研究	一九八七	勉誠社
小倉肇	日本呉音の研究		前出
馬渕和夫編	悉曇学書選集	一九八五～一九九二	勉誠社
馬渕和夫	五十音図の話	一九九三	大修館書店
橋本進吉	橋本進吉著作集	一九四六・一九七二	岩波書店
小西甚一	文鏡秘府論考　上・下	一九四八・一九五一	上・大八州出版 下・講談社

金田一・寺川喜他　国語アクセント論叢　一九五三　法政大学出版部
馬渕和夫　国語史叢考　一九九六　笠間書院
秋永一枝他編　日本語アクセント史総合資料　索引篇・研究篇　一九九七・九八　東京堂出版
桜井茂治　新義真言宗伝「補忘記」の国語学的研究　一九七七　桜楓社

Ⅳ　仮名遣研究

馬渕和夫　万葉集大成2　文献編　一九五三　（一九八六・平凡社）　平凡社
馬渕和夫　国語史叢考　前出
馬渕和夫　国語音韻論　一九七一　笠間書院
久松潜一　契沖の生涯　一九四二　創元社
橋本進吉　橋本進吉著作集　前出

Ⅴ　国語音韻の研究

馬渕和夫　国語音韻論　一九七一　笠間書院
馬渕和夫編　悉曇学書選集　前出
馬渕和夫　日本韻学史の研究　前出
橋本進吉　橋本進吉著作集　前出
上田万年　国語のため　一八九五　富山房書店
大矢透　仮名遣及仮名字体沿革史料　一九一〇　（一九六九・勉誠社）　国定教科書共同販売所
大矢透　仮名源流考及証本写真　一九一一　（一九七〇・勉誠社）　国定教科書共同販売所
大矢透　周代古音考及韻徴　一九一四　国定教科書共同販売所
有坂秀世　国語音韻史の研究（増補新版）　一九五七　三省堂
有坂秀世　上代音韻攷　一九五五　三省堂

Ⅵ　文法研究

福井久蔵編　国語学大系　一九八三～一九四四　（一九七五・国書刊行会）厚生閣
時枝誠記　国語学史　一九四〇　岩波書店
時枝誠記　国語学原論　一九四一　岩波書店
大野晋　係り結びの研究　一九九三　岩波書店
阪倉篤義　日本語表現の流れ・岩波セミナーブックス45　一九九三　岩波書店
富士谷成章　富士谷成章全集上・下　一九六一～六二　風間書房
竹岡正夫　富士谷成章の学説についての研究　一九七一　風間書房
古田東朔・築島裕　国語学史　一九七二　東京大学出版会
三宅清編　新編富士谷御杖全集　一九七九　思文閣出版
山田孝雄　国語学史　一九四三　宝文館
石垣謙二　助詞の歴史的研究　一九五五　岩波書店
三木幸信編　義門研究資料集成・別巻　一九七四・一九七六　桜楓社
根来司　てにをは研究史　一九八〇　明治書院
根上剛士　近世前期のてにをは書研究　二〇〇四　風間書房
大槻文彦　日本語文法研究書大成・『語法指南』　一九九六　勉誠社

Ⅶ　語意研究

山田忠雄編　本邦辞書史論叢　一九六七　三省堂
築島裕・小林芳規・吉田金彦編　古辞書音義集成　前出
川瀬一馬　古辞書の研究　一九五五　講談社
岡井慎吾　玉篇の研究　一九三三　東洋文庫

劉復・魏建功・羅常培編　十韻彙編・北京大学文史叢刊第五種　一九三六　（一九六三・学生書局）

姜亮夫　混涯敦煌韻輯　一九五五　上海出版公司

上田正　切韻逸文の研究　一九八四　汲古書院

京都大学文学部国語学国文学研究室編　諸本集成倭名類聚名義抄　前出

望月郁子　類聚名義抄の文献学的研究　一九九二　笠間書院

古辞書叢刊刊行会編　古辞書叢刊5・色葉字類抄　一九七五　雄松堂書店

山田孝雄　色葉字類抄　一九二六　古典保存会

中田祝夫・峰岸明編　色葉字類抄研究並びに総合索引　一九六四　風間書房

太田晶二郎解説　尊経閣蔵三巻本色葉字類抄　單　一九八四　勉誠社

北恭昭　倭玉篇五本和訓集成　前出

田山方南校閲・北野克写　名語記　一九八三　勉誠社

山崎誠編　印融自筆本重要文化財　塵袋とその研究　一九九八　勉誠社

浜田敦・佐竹明広共編　塵添壒嚢抄・壒嚢抄　一九六八　臨川書店

上田万年・橋本進吉　古本節用集の研究　一九一六　（一九六八・勉誠社）　東京帝国大学文科大学紀要

安田章　中世辞書論考　一九八三　清文堂出版

亀井孝　五本対照改編節用集　一九七四　勉誠社

中田祝夫　古本節用集六種研究並びに総合索引　一九六八　（一九七九・勉誠社）　風間書房

中田祝夫　印度本節用集古本四種研究並びに総合索引　一九七四　勉誠社

中田祝夫　文明本節用集研究並びに索引　一九七一　（一九七九・勉誠社）　風間書房

中田祝夫・林義雄　古本下学集七種研究並びに総合索引　一九七二　風間書房

白木進編著　かたこと　一九七六　笠間書院

山田忠雄　近代國語辭書の歩み　上　一九八一　三省堂

倉島長正　「国語」と「国語辞書」の時代　上・下　一九九七　小学館

山田忠雄	三代の辞書	一九六七	三省堂
永嶋大典	新版蘭和・英和辞書発達史	一九九六	ゆまに書房
柏谷嘉弘	日本漢語の系譜	一九八七	東宛社
松下貞三	漢語受容史の研究	一九八七	和泉書院
松本光隆	平安鎌倉時代漢文訓読語史料論	二〇〇七	汲古書院
築島裕	訓點語彙集成　第一巻	二〇〇七	汲古書院

Ⅷ　方言研究

中田祝夫	東大寺諷誦文稿の国語学的研究	一九六九	風間書房
菊池武人	近世仙台方言書	一九九五	明治書院
佐藤喜代治編	国語学研究事典	一九七七	明治書院
奥村三雄	九州方言の史的研究	一九八九	桜楓社
東条操編著	日本方言学	一九五四	吉川弘文館
東条操編著	全国方言辞典	一九五一	東京堂出版
	定本　柳田国男	一九八〇～八二	筑摩書房
尚学図書	日本方言大辞典	一九八九	小学館

Ⅸ　国語アクセントの研究

金田一・寺川喜他	国語アクセント論叢		前出
佐久間鼎	日本音声学	一九六三	風間書房
神保格	国語音声学	一九二五	明治図書
国語学会編	国語学の五十年	一九九五	武蔵野書院
日本音声協会 日本音声学会 編	音声の研究（1～15巻）	一九二七～七一	日本音声学会

平山輝男　全日本アクセントの諸相　一九四〇　育英書院
平山輝男　全国アクセント辞典　一九六〇　東京堂出版
金田一春彦　日本語のアクセント　一九四二　中央公論社
金田一春彦　国語アクセントの史的研究原理と方法　一九七四　塙書房
金田一春彦　日本の方言アクセントの変遷とその実相　一九七五　教育出版
金田一春彦　平曲考　一九九七　三省堂
金田一春彦　四座講式の研究　一九六四　三省堂
桜井茂治　古代国語アクセント史論考　一九七五　桜楓社
秋永一枝　古今和歌集声点本の研究　資料篇・索引篇・研究篇上・下　一九七二・一九七四・一九八〇・一九九一　校倉書房
秋永・上野・坂本・佐藤・鈴木　日本語アクセント史総合資料　研究篇　一九九八　東京堂出版

X　外国人の日本語研究

土井忠生訳　日本大文典　一九五五　三省堂
福島邦道　キリシタン資料と国語研究　一九七三　笠間書院
池上岑夫訳　ロドリゲス日本語小文典　一九九三　岩波書店
日埜博司編訳　日本小文典　一九九三　新人物往来社
大塚高信訳　コリャード日本文典　一九三四（一九五七・風間書房）　坂口書店
大塚光信編　羅西日辞典　一九六六　臨川書店
大塚光信・小島幸枝共編　コリャード自筆西日辞書　一九八五　臨川書店
土井忠生　吉利支丹語学の研究　一九四二（一九七一・三省堂）　靖文社
森田武　日葡辞書提要　一九九三　清文堂出版
土井忠生・森田武・長南実訳　邦訳日葡辞書　一九八〇　岩波書店
飛田良文・李漢燮　和英語林集成初版・再版・三版対照総索引　二〇〇一　港の人

書名索引

人名索引

●馬渕　和夫（まぶち　かずお）
大正7年3月19日，名古屋市生まれ。

昭和17年9月，東京文理科大学文学科卒業。文学博士。

東京教育大学，筑波大学，中央大学，東京成徳短期大学を経て，現在，筑波大学・東京成徳短期大学名誉教授。

主要著書に『日本韻学史の研究』（臨川書店），『韻鏡校本と広韻索引』（巌南堂），『悉曇学書選集』（勉誠社），『上代のことば』（至文堂），『古語辞典』（講談社），『国語音韻論』（笠間書院），『和名類聚抄古写本声点本本文および索引』（風間書房），『探要法花験記』（武蔵野書院），『奈良・平安ことば百話』（東京美術），『五十音図の話』（大修館書店），『古典の窓』（大修館書店），『日本古典文学全集　今昔物語集』〈共著〉（小学館），『今昔物語集文節索引』〈監修〉（笠間書院），『三宝絵詞索引』〈監修〉（笠間書院），『国語史叢考』（笠間書院），『悉曇章の研究』（勉誠出版）等がある。

2011年逝去。

●出雲　朝子（いずも　あさこ）
昭和11年3月29日，東京生まれ。

昭和43年，東京教育大学大学院単位取得後退学。

現在，青山学院女子短期大学名誉教授。

主要著書に『玉塵抄を中心とした室町時代語の研究』（桜楓社），『中世後期語論考』（翰林書房）等がある。

国語学史《こくごがくし》　日本人の言語研究の歴史　新装版

1999年1月20日　初版第1刷発行
2003年4月30日　再版第1刷発行
2007年9月10日　三版（新装版）第1刷発行
2021年1月15日　四版（新装版）第1刷発行

著　者　馬　渕　和　夫
　　　　出　雲　朝　子
装　幀　笠間書院装幀室
発行者　池　田　圭　子
発行所　有限会社　**笠間書院**
東京都千代田区神田猿楽町2-2-3
NSビル　〒101-0064
電話　東京　0 3（3295）1 3 3 1
Fax　東京　0 3（3294）0 9 9 6

NDC分類：810.12

ISBN　978-4-305-60302-9

落丁・乱丁本はお取替えいたします
モリモト印刷
https://kasamashoin.jp